달려라
사각바퀴야

2012년 12월 10일 제1판 제1쇄 발행
2023년 9월 25일 개정1판 제1쇄 발행

글쓴이 | 남호영
펴낸이 | 강봉구

펴낸곳 | 도서출판 작은숲
등록번호 | 제406-2013-000081호
주소 | 10892 경기도 파주시 와석순환로 307, 1107-101
전화 | 070-4067-8560
팩스 | 0505-499-8560

홈페이지 | http://www.littleforestpublish.co.kr
이메일 | littlef2010@naver.com

ISBN 979-11-6035-147-7   73810

값은 뒤표지에 있습니다.
※이 책은 저작권법에 따라 보호받는 저작물이므로 무단 전재와 무단 복제를 금합니다.
※이 책의 전부 또는 일부를 이용하려면 반드시 저작권자와 '작은숲출판사'의 동의를 받아야 합니다.

스마트폰으로 QR코드를 스캔해 보세요.
작은숲출판사 도서목록이 담긴 온라인 도서목록으로 연결됩니다.

생각하는 수학동화 02

달려라 사각바퀴야

남호영 글·김순영 그림

작은숲

차례

입국절차라니요?	6
기다란 네모	11
정사각형 모양의 엿	15
정사각형님 두 분	22
신분이 달라	28
신성한 숲	36
네모짱의 위기	42
지하감옥	47
감옥에서 만난 오각형	52

신성한 숲의 비밀	58
가장 넓은 도형	65
대왕님의 정체	73
숲속의 마름모	81
정사각형 마을 끝집	89
체포	96
들판을 가로지르는 기다란 네모	106
날아오르는 세모들	111
사각바퀴	116
수학속으로	126
작가의 말	134

입국 절차라니요?

얼마쯤 시간이 지났을까? 발목을 적시는 찬 기운에 시내는 눈을 떴다. 그곳은 바닷가 모래밭이었다.

"어? 동그라미나라로 가는 길을 찾아 보려고 학교 뒷산에 오르고 있었는데… 왜 바닷가에 와 있을까?"

수담이가 모래를 털며 일어났다.

"좀 이상해. 우리 동네 산 뒤쪽에 있는 바닷가는 아닌 것 같아."

시내가 주위를 두리번거렸다. 저 멀리 처음 보는 듯한 이상한 성벽이 보였다. 성벽 위엔 울긋불긋한 깃발들이 펄럭이고 있었다.

"시내야, 저기 봐. 성이 있어. 저기는 어딜까?"

"글쎄, 한번 가 볼까?"

둘은 성을 향해 함께 뛰기 시작했다. 가까이 갈수록 성벽은 점점 크게 다가왔다. 멀리서 볼 때와는 달리 매우 큰 성이었다.

"성문은 어디 있지?"

시내는 성벽을 손으로 툭툭 두드려 보았다. 하지만 높이 솟은 성곽만 보일 뿐 성문은 보이지 않았다.

시내와 수담이는 기다란 성벽을 따라 한참을 걸었다. 기역자로 꺾어진 곳을 따라 돌아서자 깃발이 보였다. 시내와 수담이는 갑자기 뛰기 시작했다.

커다란 성문은 굳게 닫혀 있었다. 문을 두드리자 성문 옆 조그만 창문이 스르르 열렸다.

"이쪽으로 오십시오."

창문 안쪽에는 무표정한 얼굴의 평행사변형* 문지기가 삐딱하게 앉아 있었다. 문지기는 눈을 내리깐 채로 시내와 수담이를 향해 딱딱하게 말했다.

"각 변의 길이를 차례로 말씀해 주십시오."

"네?"

어리둥절해진 시내와 수담이가 되물었다. 평행사변형 문지기는 여전히 이맛살을 찌푸리며 말했다.

"네 변의 길이를 말씀해 주십시오. 입국 절차입니다."

"입국 절차요?"

시내가 되묻자 평행사변형 문지기는 더욱 딱딱해진 목소리로 대답했다.

"네모나라의 성문을 통과하는 데 필요한 절차입니다."

"우리는 네 변이 없는데요?"

평행사변형 문지기는 시내와 수담이를 쳐다보지도 않은 채 계속 말을 이어 갔다.

"그러면 네 각의 크기를 말씀해 주십시오."

"우리는 네모가 아니에요. 변도 없고 각도 없어요."

"여기는 네모나라입니다. 네 개의 변과 네 개의 각이 없으면

들어갈 수 없습니다."

평행사변형 문지기가 문을 쾅 닫았다.

시내와 수담이는 어이가 없었다. 시내가 다시 한번 창문을 두드렸지만 평행사변형 문지기는 똑같은 말만 되풀이하고는 문을 더 세게 닫아 버렸다.

두 사람은 창문 앞에서 성벽을 올려다보았다. 돌로 된 성벽은 기어올라갈 수도 없을 만큼 매끄럽고 엄청 높았다. 시내와 수담이는 성벽에 몸을 기대고 털썩 주저앉았다.

"여긴 어떻게 오게 된 걸까?"

"네모나라라는데… 집에는 어떻게 가지?"

수담이는 벌써 집에 갈 일이 걱정되었다.

"너, 혹시 아까 뒷산에 오를 때 사각형에 대해서 생각한 거 있었니?"

시내가 진지한 표정으로 물었다.

"글쎄. 우린 그저 학교 뒷산에 올라가는 길이었잖아. 너는 꽃을 보고 있었고…."

수담이는 말을 끝내지 못하고 얼버무렸다. 차마 네모난 화면 속 자동차 경주 게임을 생각했다는 말은 하지 못했다.

기다란 네모

시내와 수담이는 성벽을 따라 계속 걸었다. 가도 가도 끝이 없는 높은 성벽이 이어졌다.

수담이는 다리가 무거워졌다. 나뭇가지 하나를 주워 지팡이로 삼았다. 나뭇가지에 의지해 엉덩이를 뒤로 내밀고 어기적어기적 걸어가는 모습이 우스꽝스러웠지만 시내는 소리 내어 웃을 수 없었다. 성벽 위 깃발들은 힘차게 펄럭였다.

"여기까지 왔는데… 이게 뭐야!"

수담이가 나뭇가지로 바닥을 탁 내리쳤다.

"아얏!"

"어? 이게 무슨 소리지?"

놀란 수담이가 두리번거렸다. 그러나 옆에는 아얏, 소리에 놀란 시내밖에 없었다. 귀를 쫑긋대던 시내가 수담이 손에서 나뭇가지를 잡아채더니 다시 있는 힘껏 바닥을 쳤다.

"아야얏! 누구야?"

느닷없이 앞에서 나무판자 같은 것이 몸을 일으켰다. 아주 기다란 네모였다.

"우아!"

깜짝 놀란 시내와 수담이는 입을 벌린 채 그 기다란 네모가 반쯤 몸을 일으키는 것을 바라보았다.

"누구야? 누가 내 발을 때렸지?"

기다란 네모가 졸음에 겨운 눈을 가느다랗게 뜨고 시내와 수담이를 쳐다봤다.

"너희들이 나를 때렸구나. 모처럼 낮잠을 자는 중이었는데. 내 단잠을 깨웠어!"

기다란 네모가 몸을 푸르르 떨자, 수담이가 얼결에 시내 손을 잡았다.

"죄송해요. 일부러 그런 건 아니에요. 저 성에 들어가 보고 싶은데 문을 열어 주지

않았어요."

"맞아요. 어디 타 넘을 만한 곳이 없나 살폈는데 마땅한 곳도 없었고요. 그래서 지치고 답답한 마음에 그냥 바닥을 한 번 친 거였어요."

"그래? 으흠. 두 번이나 쳐놓고는."

기다란 네모가 조금 누그러졌다. 시내와 수담이는 같은 생각을 한 듯 눈을 마주쳤다. 그리고 누가 먼저랄 것도 없이 다시 누우려는 기다란 네모를 잡고 흔들었다.

"아저씨, 혹시 저 성안에 사세요?"

"그렇단다. 그런데 왜?"

"그럼, 우리 좀 도와주세요."

"저 성은 네모들만 사는 곳인데, 왜 들어가려고?"

그제야 잠이 좀 깬 듯, 기다란 네모는 졸린 눈을 비비며 의아한 듯이 물었다.

"궁금해서요. 네모나라를 구경하고 싶어요."

"호기심이 많은 아이구나."

기다란 네모도 두 사람에게 호기심이 생겼다.

"난 기다람이라고 해. 내 위로 올라오렴."

기다람직사각형이 긴 몸을 차곡차곡 접어 계단이 되어 주었다.

정사각형 모양의 엿

성벽 위에 올라서자 네모나라가 한눈에 들어왔다. 성안에는 삐죽빼죽 제멋대로 생긴 네모들이 분주하게 오가고 있었다. 흙먼지가 뽀얗게 일어난 곳에서 왁자지껄한 소리가 울려퍼졌다. 멀리 성 한가운데에 또 하나의 기다란 성벽과 커다란 성문이 보였다.

"저 안에 또 성이 있어요. 저긴 어디예요?"

시내와 수담이가 아직도 성벽 밖에서 계단 모양으로 서서 졸고 있는 기다람직사각형에게 물었다.

"글쎄다. 설명하려면 긴데…."

기다람직사각형이 멀리 보이는 성벽을 힐끗 바라보며 말했다.

"저기도 네 변의 길이를 말해야 들어갈 수 있나요?"

"아니란다. 거기는 신분증이 있어야 해."

"신분증이요?"

'겨우 성 하나를 들어왔는데 또다시 새로운 성이라니, 더구나 신분증이라니….'

수담의 얼굴을 찡그리고 있던 그때 성벽 아래 큰길에서 떠들썩한 노랫소리가 들렸다.

"저건 무슨 소리예요?"

여러 가지 모양의 사각형들이 모여 흥겹게 노래를 부르며 춤을 추고 있는 모습을 본 시내가 물었다. 기다람직사각형이 고개를 삐쭉 내밀고 내려다보며 말했다.

"오늘 공장이 완공된다더니 잔치를 벌이나 보다."

기다람직사각형은 성안으로 들어가고 싶어 하는 두 사람의 마음을 읽고는 훌쩍 몸을 세워 성벽 안쪽으로 비스듬히 기대어 미끄럼틀이 되어 주었다. 두 사람은 기다람직사각형 위를 쭉 미끄러져 내려왔다.

'쿵쿵.'

시내와 수담이는 내려오면서 엉덩방아를 찧었지만 벌떡 일어나 소리 나는 쪽으로 달려갔다. 그리고는 겹겹이 서서 춤을 추는 네모들 사이로 고개를 들이밀었다.

시내와 수담이는 흥에 겨워 춤추며 노래 부르는 네모들 사이를 뚫고 들어갔다. 한가운데에 여러 가지 음식이 놓여 있었고, 어른 네모들처럼 모두 다르게 생긴 네모 아이들이 연신 들락거리며 음식을 집어 먹고 있었다.

한쪽에서는 어린 네모들이 사방치기를 하느라 정신이 없었다. 사방치기라면 동네에서 둘째가라면 서러운 시내가 끼어들었다. 수상한 눈빛으로 경계하던 네모들의 시선은 시내의 실력 앞에서 이내 부러운 눈빛으로 바뀌었다.

사방치기 실력 덕분에 시내와 수담이는 곧 어린 네모들과 친해졌다. 비석치기도 했다. 그동안 동네에 또래 친구들이 없어서 마음껏 놀지 못했던 한을 풀기라도 하듯 시내는 땀까지 흘리며 놀이에 푹 빠져들었다.

머리 위에 뭉툭한 어린 네모 하나를 얹은 시내가 비석이 되어 서 있는 네모를 막 맞추려는 순간, 네모 아이들이 느닷없이 환호성을 지르며 뒤쪽으로 달려갔다. 시내와 수담이도 쫓아갔다.

'쩔렁쩔렁.'

그곳에는 위아래로 몸이 홀쭉하게 생긴 네모 모양을 한 엿장수 아저씨가 엿을 나눠주고 있었다. 네모난 판에는 흰 가루를 잔뜩 묻힌 엿을 가득 들어 있었고, 솜씨 좋은 가위질 소리에 아이들은 엿장수 아저씨 주변으로 모여들었다.

"자, 쭉 줄을 서거라. 생긴 모양대로 뚝딱 잘라 줄 테니."

엿장수 아저씨는 가위질 소리에 노랫가락을 섞어 가며 둘러선 아이들의 생긴 모습대로 엿을 잘라 주었다.

"어이, 이 녀석은 뭉툭한 녀석이군. 어허, 이 녀석은 길쭉하게 생겼구나."

어린 네모들은 제 모습처럼 생긴 엿을 들고 좋아서 팔짝팔짝 뛰었다. 날름날름 혀로 녹여 가며 엿을 아껴 먹는 어린 네모들의 모습에 수담이도 군침을 삼켰다. '꼴깍!' 하는 침 넘어가는 소리가 다 들릴 정도였다.

"어? 이상하게 생긴 친구들이 있네? 이 녀석들은 어떻게 잘라 줘야 하나?"

엿장수 아저씨가 엿을 자르는 끌로 엿판을 톡톡 두드리며 고개를 갸웃거렸다.

"정사각형*으로 잘라 주세요."

엿을 자르는 모습을 유심히 지켜보던 수담이가 말했다.

엿장수 아저씨는 네모 한 변을 자를 때마다 끌을 한 번씩만 썼다. 이렇게 자를 때 가장 크게 하려면 끌의 날이 한 변이 되는 정사각형으로 잘라야 한다. 숙제할 때 풀어 본 수학 문제였는데 그 원리가 이렇게 요긴하게 쓰일 줄이야.

"정사각형?"

엿장수 아저씨는 고개를 갸우뚱거렸다.

"허허, 어떻게 잘라야 할지 모르겠는걸."

"제가 도와 드릴까요?"

수담이가 끌을 잡았다.

"이 끌의 날을 한 변으로 하고 네 각 모두 90도가 되게 이렇게 자르면 돼요."

수담이가 끌을 자처럼 대고 손톱을 세워 엿판 위에 정사각형 하나를 그려 보였다. 엿장수 아저씨는 자칫 끌이 미끄러질까 봐 조심조심 엿을 잘랐다.

"너는 어떻게 잘라 줄까?"

이마에 땀이 송골송골 맺힌 엿장수 아저씨가 시내에게 물었다.

"저도요. 저도 정사각형으로 잘라 주세요."

시내도 모를 리가 없었다. 엿장수 아저씨가 시내 몫으로 자른 정사각형 엿을 신기한 듯 이리저리 들여다보며 말했다.

"내가 잔치 때마다 아이들 군입을 다시라고 엿을 잘라 준 지가 몇십 년인데, 이런 모양으로 잘라 보기는 처음이구나."

엿장수 아저씨는 정사각형 모양으로 자른 엿을 시내에게 건네주었다. 어린 네모들도 엿을 먹다 말고 시내와 수담이 손에 들린 정사각형 엿을 신기한 듯 바라보았다.

"정사각형이다."

"와, 정말 정사각형이네?"

마지막에 서 있던 한 어린 네모가 슬며시 엿장수 아저씨에게로 다가가 귓속말을 했다.

"우리 귀여운 네모짱, 너도 그렇게 잘라 달라고?"

엿장수 아저씨는 아까보다 능숙하게 끌을 대고 정사각형 모양으로 엿을 자르기 시작했다.

정사각형님 두 분

 시내와 수담이가 정사각형 모양의 엿을 입에 막 넣으려고 할 때였다.
 "정사각형이 생겼구나. 이젠 내 도움 없이도 저 안쪽 성문으로 들어갈 수 있겠어."
 어느 틈에 왔는지 기다람직사각형이 얼굴을 불쑥 내밀며 말했다.
 "와, 이게 신분증인가요?"
 시내와 수담이가 깜짝 놀라며 정사각형 모양의 엿을 두 손으로 조심스럽게 받쳐들었다.
 "아까 계단 노릇을 했을 땐 사실 허리가 굉장히 아팠단다.

자, 함께 가 볼까?"

기다람직사각형이 성큼성큼 성문 쪽으로 앞서갔다.

성문 옆에는 사다리꼴 보초들이 놀고 있었다. 가장 큰 사다리꼴 보초가 밑에 서면 그 보초의 윗변에 그다음 사다리꼴 보초가 아랫변을 대고 올라서고, 다시 그 보초의 윗변에 그다음 사다리꼴 보초가 아랫변을 대고 올라섰다. 이렇게 계속하여 가장 꼭대기에 올라선 작은 사다리꼴 보초가 나무에 매달렸다. 다 같이 흔들흔들 그네가 되었다.

"야, 재미있겠다!"

그 모습을 본 수담이가 저도 모르게 소리쳤다. 깜짝 놀란 사다리꼴 보초들이 깜짝 놀라며 후닥닥 뛰어내렸다. 사다리꼴 보초들이 몸을 빳빳하게 편 채로 뾰족한 창을 들고 성문 양쪽에 둘씩 늘어섰다.

기다람직사각형이 다가서자 굳은 표정의 사다리꼴 보초들이 날카로운 창을 부딪치며 가로막았다. 그때 성문 옆에 있는 창문이 드르륵 열렸다. 창 안에는 평행사변형 문지기가 무표정한 얼굴로

비스듬하게 앉아 있었다.

"신분증을 보여 주십시오."

기다람직사각형이 직사각형 모양으로 생긴 신분증을 내보였다.

"직사각형님이시군요. 그런데 저 사람들은?"

평행사변형 문지기가 시내와 수담이를 슬쩍 쳐다보며 말했다. 그러자 기다람직사각형이 들리지 않게 '엿' 하며 입 모양을 지어 보였다. 그제야 눈치챈 시내와 수담이가 얼른 손에 든 엿을 내보였다.

순간 평형사변형 문지기가 놀란 얼굴로 벌떡 일어났다.

"보초!"

"옛!"

평행사변형 문지기의 부름에 사다리꼴 보초 넷이 발소리를 맞춰 뛰어왔다.

"여기 직사각형님과 정사각형님 두 분이 오셨다. 어서 안으로 모셔라."

평행사변형 문지기가 굳은 얼굴로 말했다. 온몸에 힘을 주어 똑바로 섰는데도 삐딱해 보였다. 사다리꼴 보초들도 금세 얼굴이 굳어졌고 걸음걸이도 각이 더 커졌다. 기다람직사각형이 싱긋 웃었다.

성안은 성 밖 네모들이 사는 곳보다 훨씬 깔끔하고 정돈되어 보였다. 모든 건물은 반듯한 직사각형 모양이었다. 사방으로 뻗어 있는 길도 자로 잰 듯이 잘 닦여 있었다.

"성문 밖의 그 네모들은 성안에 들어올 수 없나요? 아주 밝고 명랑하고 좋은 네모들이던데."

"그럼, 좋은 네모들이지. 성안에 일거리가 있을 때는 그들도 들어온단다."

기다람직사각형이 미소를 지으며 말했다.

"일만 해요? 아무리 일꾼들이라고 해도 그렇지, 왜 따로 사는 거예요? 이상해요."

시내의 질문은 계속되었지만 기다람직사각형은 입을 꼭 다물었다. 사다리꼴 보초들은 계속 시내를 흘깃거렸다.

"정말, 왜 그래요?"

수담이도 나섰다. 뒷짐을 지고 말없이 걷던 기다람직사각형이 결국 입을 열었다.

"이 성안에 돌아다니는 사람들을 보렴. 보초들처럼 사다리꼴이거나 나 같은 직사각형 아니면 아까 성문에서 보았던 평행사변형들이지. 정사각형은 이 성안에서도 한가운데 있는 성지에 모여 산단다."

"왜 같이 안 살아요?"

"네모나라에서는 정사각형은 오랜 단련과 노력을 통해 된 특별한 도형이라고 생각한단다. 그래서 신분이 높은 거지."

정사각형이 특별하다는 말에 시내와 수담이는 머리를 갸우뚱하며 물었다.

"정사각형이 뭐가 특별해요?"

"사다리꼴은 네 변 중에서 마주 보는 두 변이 평행이잖니. 나머지 두 변까지 평행하게 되면 평행사변형이 되는 거고, 거기다 네 각 모두 90도가 되어야 우리 직사각형이 되지."

"네 변도 모두 같은 직사각형만 정사각형이 되는 것쯤은 알지만, 그렇다고 정사각형이 잘난 건 아니잖아요."

"여기선 일반 사각형들은 자신을 발전시키려는 노력을 전혀 하지 않는 게으름뱅이라고 봐. 그러니까 이곳에 사는 이들은 네 변이나 네 각, 아무것도 정돈되지 않은 일반 사각형과 함께 사는 것을 꺼리는 거란다."

설명하는 기다람직사각형의 표정이 불편해 보였다.

신분이 달라

시내와 수담이, 기다람직사각형은 성문을 통과했다. 새로 난 길로 들어서자 서서 이야기를 나누는 직사각형 기술자들이 보였다.

기다람직사각형을 본 직사각형 기술자들이 허리를 굽혀 인사를 했다.

"나오셨습니까? 공사가 막 끝난 새 길입니다."

"아, 네."

기다람직사각형이 덤덤하게 대답했다.

"멍청한 네모들을 부리느라 고생스럽긴 했지만, 이렇게 반듯한 길이 생기고 보니 언제 그랬나 싶습니다."

납작한 직사각형 기술자의 말에 이어 길쭉한 직사각형 기술자도 한껏 뽐내며 말했다.

"정말 멋지지요? 저 끝까지 쭉 뻗은 길 좀 보세요. 직사각형 길은 번영의 상징이지요."

잠자코 듣고 있던 수담이가 한마디 했다.

"이 길이 직사각형이라고요?"

"그래, 봐라. 쭉 뻗었잖니? 저 끝까지 폭이 똑같다고. 우리 직사각형 기술자들의 측량은 조금도 오차가 없어."

길쭉한 직사각형 기술자가 거만하게 뒷짐을 지며 자랑스럽게 말했다.

"아닌데…. 여기서는 사다리꼴로 보이는데요?"

수담이는 고개를 가로저으며 말했다.

"사다리꼴이라니? 우리 직사각형은 그들과 신분이 달라요, 신분이!"

납작한 직사각형 기술자가 무슨 큰일 날 소리를 하느냐는 듯 수담이에게 눈을 부라리며 말했다.

"그렇더라도 이쪽은 넓고 저쪽은 좁아 보이니 영락없는 사다리꼴이라고요."

시내가 수담이를 거들고 나섰다. 직사각형 기술자들은 잠시 할 말을 잃었다. 아닌 게 아니라 쭉 뻗은 길은 기다란 사다리꼴로 보였다.

직사각형 기술자들은 당황했다. 어쩌면 자기네들이 사다리꼴과 같은 신분으로 떨어지게 될지도 모른다는 걱정에 모두 안절부절못하였다.

옆에서 이야기를 듣고 있던 한 직사각형 기술자가 싸울 듯이 수담이에게 삿대질을 하며 다가섰다.

"대체 넌 누구냐?"

갑작스러운 상황에 수담이는 어안이 벙벙해졌다. 다른 직사각형 기술자도 성큼 나서며 목소리를 높였다.

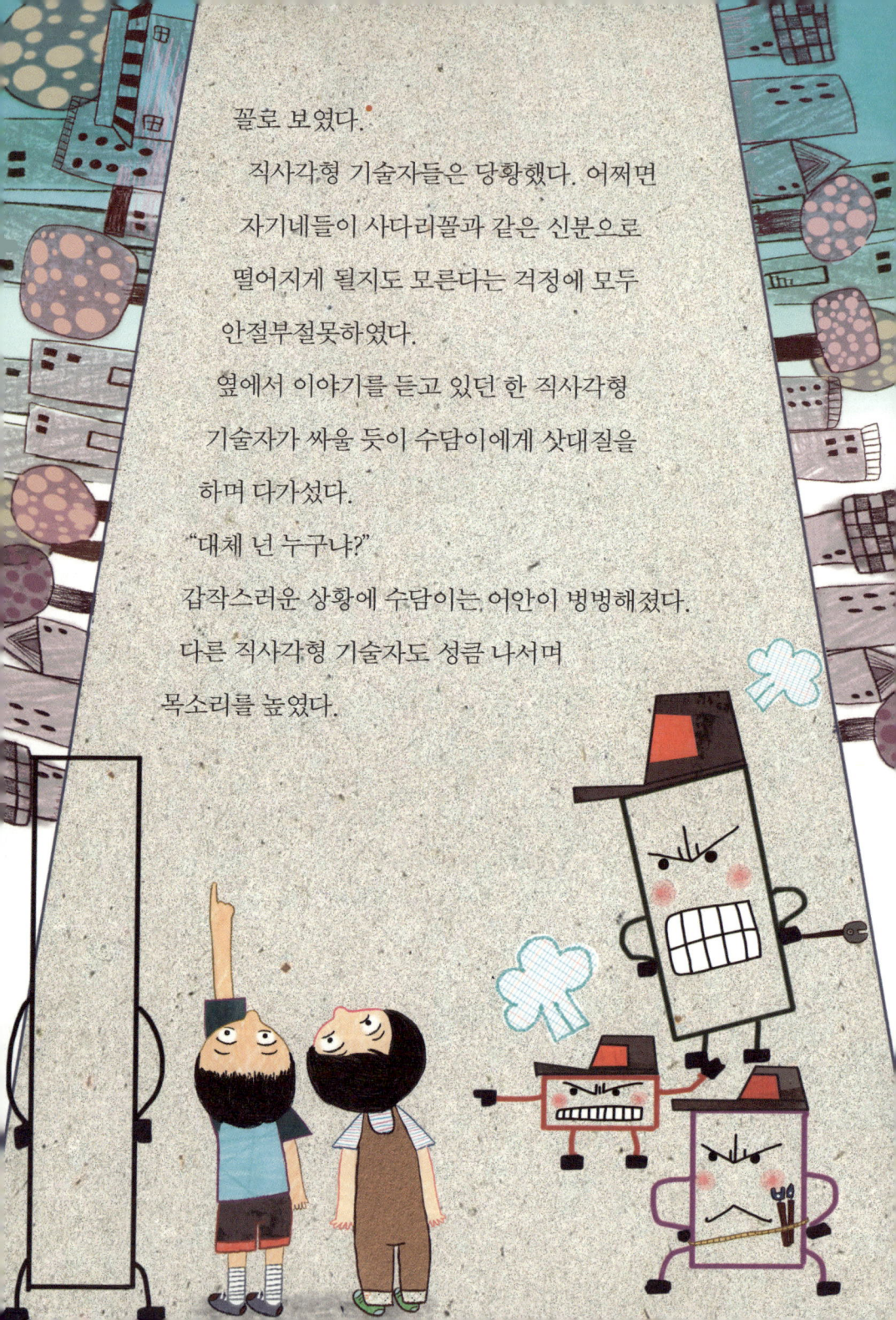

"누군데 감히 그따위 말을 하는 거야, 어?"

"이런 녀석은 입을 틀어막아야 해."

직사각형 기술자들의 기세가 점점 험악해졌다.

"왜 이래요?"

이에 질세라 시내도 날카롭게 소리 지르며 직사각형 기술자들에 맞섰다. 어디서 지켜보고 있었는지 저벅저벅 발소리를 내며 사다리꼴의 병사 둘이 달려왔다. 직사각형 기술자 하나가 서둘러 병사들에게 달려가 별일 아니라고 해명했다.

"얘 말이 뭐가 틀렸어요? 똑똑히 봐요. 저 사다리꼴 병사와 비슷하게 생겼잖아요. 아저씨도 밑에서 개미가 올려다보면 저 병사들과 똑같아 보일 거라고요!"

시내의 목소리가 카랑카랑 울렸다. 직사각형 기술자들 얼굴이 점점 하얗게 질렸다. 화가 난 서너 명의 직사각형 기술자가 한꺼번에 시내를 밀어냈다.

"에구, 어서 애들을 데리고 가십시오."

옆에 있던 직사각형 기술자들이 기다람직사각형 등을 밀었다. 간이 콩알만 해진 수담이가 시내를 말렸지만 기다람직사각형은 뭐가 그리 유쾌한지 껄껄 웃기만 했다.

"흥! 별것도 아닌 걸 가지고 잘난 척하고 있어. 그러니까 애초부터 왜 편을 가르고 사는 거야? 신분이 정해진 거라고? 그렇게 불안해하면서, 무슨."

시내는 새 길이 다 끝날 때까지 쉬지 않고 종알댔다. 수담이는 시내의 관심을 다른 데로 돌리고 싶었다.

"정사각형 아이들은 어떻게 지내요? 정사각형들이 사는 곳에 가 보고 싶어요."

수담이가 기다람직사각형에게 말했다.

"그건 좀 곤란한데…."

기다람직사각형은 어색한 표정으로 머뭇거렸다. 수담이는 평행사변형이나 사다리꼴 그리고 직사각형들의 태도로 보아 정사각형을 만나기가 절대 쉽지 않겠다고 어렴풋이 짐작은 하고 있었다.

"정사각형들은 저 숲 안쪽에 살고 있죠? 분명 더 잘난 척하는 꼴불견들일 거야. 그렇죠?"

시내는 화가 덜 풀린 듯 씩씩거리며 말했다. 기다람직사각형은 대답 없이 걷기만 하다가 한참 후에야 말을 꺼냈다.

"너희들, 내가 사는 곳에 가 볼래?"

그러고 보니 기다람직사각형은 아까 본 직사각형 기술자들과 모습은 비슷한데도 분위기가 매우 달랐다. 새삼스럽게 기다람직사각형이 어떤 사람인지, 어디에서 어떻게 사는지 궁금해졌다. 수담이가 눈을 반짝이며 물었다.

"어딘데요?"

기다람직사각형이 한 곳을 가리켰다. 길 저편 끝, 숲을 마주한 그곳에 낮은 직사각형 건물이 보였다. 햇빛을 받아서 그런지 그 건물은 유난히 하얗게 빛났다.

기다람직사각형은 말없이 건물을 향해 걸었다. 마당에는 많은 직사각형이 제각각 다른 자세를 취하고 있었다. 둥그렇게 몸을 말고 있는 직사각형, 다리에 머리를 바짝 붙이고 있는 직사각형, 물구나무를 서고 있는 직사각형, 가부좌를 틀고 앉아 있는 직사각형, 머리와 다리에 붕대를 감은 채 누워 있는 직사각형….

"저 직사각형들은 뭐 하고 있는 거예요?"

시내가 고개를 갸웃거리며 물었다.

"응, 정사각형이 되고 싶어서 수련하고 있는 것이란다."

"왜 정사각형이 되려고 하는데요?"

이번엔 수담이가 끼어들어 물었다.

"글쎄, 정사각형이 우리 네모나라를 다스리니까 높은 신분이 되고 싶어서겠지. 정사각형이 되면 또 저 숲 안쪽에 살 수도 있으니까."

"직사각형도 높지 않아요?"

"맞아. 하지만 그보다 더 높아지고 싶은 거지."

"그런데 왜 여기 모여 있지요?"

"전에 이 집에서 살던 어떤 분이 오랜 노력 끝에 정사각형이 되었단다. 덕분에 그분은 저 숲 안으로 들어갈 수 있었지. 그때부터 정사각형이 되고 싶은 도형들이 다들 이곳에 모여들었어. 저 붕대를 감은 직사각형은 아무리 수련을 해도 잘 안 되니까 머리와 다리 부분을 조금씩 잘라 만들어 보려다가 저 모양이 됐단다."

"어머나, 가엾어라. 그런데 아저씨도 정사각형이 되고 싶어요?"

수담이가 궁금한 듯이 물었다.

"아니. 나는 내가 직사각형인 것이 좋단다. 난 그냥 보통의 네모여도 좋았을 거야."

"그런데 왜 여기 살아요?"

시내의 물음에 기다람직사각형이 묘한 표정을 지은 후 천천히 말했다.

"여기가 우리 집이니까."

신성한 숲

 기다람직사각형과 헤어진 시내와 수담이는 숲속을 계속 걸었다. 얼마를 걸었을까. 눈앞에 숲이 나타났다. 큰 나무들은 하늘을 가릴 듯이 솟아 있고 나무 밑동은 대부분 덩굴로 뒤덮여 있었다. 알고 있는 노래를 다 부르고 한참을 더 걸었는데도 숲은 끝나지 않았다.
 둘은 점점 불안해지기 시작했다. 길을 잃어버린 것 같았다. 왔던 길을 또 온 것 같은 생각도 들었다. 그때 시내가 왼 손바닥에 침을 퉤 뱉더니 오른손으로 내리쳤다. 침이 한쪽으로 튀었다.
 "이쪽이다. 이제부터 똑바로 만 가는 거야. 수담아, 나만 믿어."

 둘은 굵은 나뭇등걸에 걸려 넘어지고 잔가지에 긁히면서 한참을 더 걸었다. 그러나 가도 가도 정사각형 마을은 보이지 않았다.

 정말 길을 잃은 걸까? 무서운 생각이 들기 시작했다. 나뭇잎 위로 간간이 햇살이 반짝이긴 했지만, 워낙 나무들이 빽빽하게 들어찬 숲이어서 금세 어둑어둑해졌다. 몇 걸음을 더 가지 못하고 수담이가 주저앉았다. 시내도 수담이 옆에 털썩 앉으며 고개를 떨궜다.

 한참을 앉아 있는데 어디선가 물소리가 들렸다. 시내와 수담이는 벌떡 일어나 물소리가 들리는 쪽으로 뛰어갔다.

 그런데 이게 어찌 된 일일까? 느닷없이 숲이 끝나더니 그곳에 아까 건너왔던 개울이 있는 게 아닌가! 힘이 빠진 시내와 수담이는 서로 바라보며 한숨을 내쉬었다. 다리도 아팠고 배도 고팠다. 그때였다.

 "삐익, 삐이익."

 갑자기 요란한 호루라기 소리와 발소리가 들렸다. 이내 여섯 명의 사다리꼴 병사들이 나타나 다짜고짜 두 사람에게 달려들었다.

시내와 수담이는 손을 쓸 겨를도 없이 단단한 줄에 꽁꽁 묶이고 말았다. 너무나 갑작스러운 일이었다.

"왜 이러는 거예요?"

시내가 몸부림쳤지만, 사다리꼴 병사들은 아랑곳하지 않았다. 앞에 둘, 뒤에 둘, 양옆으로 하나씩 시내와 수담이를 에워쌌다.

사다리꼴 병사들은 딱딱하게 굳은 표정으로 두 사람을 어떤 건물로 끌고 갔다. 건물 안에는 평행사변형 병사들이 느긋하게 앉아 서류를 들여다보고 있었다.

"이상한 자들이 신성한 숲에 있어서 잡아 왔습니다."

사다리꼴 병사가 보고했다.

"신성한 숲에?"

문 앞에 앉아 있던 평행사변형 병사 하나가 벌떡 일어나며 말했다. 그러더니 뒷자리의 평행사변형 병사에게 시내와 수담이를 데려갔다.

"이 자들이 신성한 숲에 있었다고 합니다."

뒷자리에 앉은 평행사변형 병사 역시 벌떡 일어났다. 매우 놀란 표정이었다. 그 병사는 또 그 뒷자리에 앉은 평행사변형 병사에게 시내와 수담이를 데려갔다. 그렇게 몇 명의 평행사변형 병사들을 거친 다음에서야 건물 맨 구석에 있는 방으로 끌려갔다. 그 방에는 비쩍 마른 평행사변형 장교 하나가 몸을 뒤로 젖히고 앉아 있었다.

"신분증 좀 봅시다."

"없어요."

수담이가 긴장하며 떨리는 목소리로 간신히 대답했다.

비쩍 마른 평행사변형 장교가 시내와 수담이를 한 번 쳐다보고는 서류에다 무엇인가를 적었다.

"왜 숲에 들어왔지요?"

"궁금해서요."

시내가 조심스럽게 대답했다. 평행사변형 장교는 화가 나는 듯 연필로 서류를 탁탁 치며 말했다.

"얼렁뚱땅 빠져나가려고 들지 말고 좋게 물어볼 때 똑바로 얘기해요. 왜 왔죠?"

"숲속에 있는 정사각형들의 마을에 가려고 했는데, 그만 길을 잃었어요."

"뭐라고?"

비쩍 마른 평행사변형 장교가 책상을 치며 벌떡 일어났다.

"그 숲은 신성한 숲이다. 가장 높으신 정사각형님들이 사시는 곳이지. 감히 그곳에 들어가려 하다니!"

 평행사변형 장교는 두 사람을 쏘아보며 얼굴을 붉히고는 다시 자리에 앉으며 물었다.

 "사실대로 얘기해라. 누가 너희들을 보냈지?"

 난감해진 시내가 쭈뼛쭈뼛 말했다.

 "그냥 우리는 숲속에 있는 마을이 궁금했어요."

 평행사변형 장교의 눈이 점점 가늘어졌다. 몸을 완전히 젖히고 앉아 거만한 모습으로 서류를 탁탁 쳤다.

"마지막으로 다시 묻겠다. 누가 보냈지?"

"정말이에요. 정사각형들이 어떻게 사는지 궁금했을 뿐이에요. 아무도 우리를 보내지 않았다고요."

수담이가 답답한 듯 애를 태우며 대답했다.

평행사변형 장교가 가는 눈을 치뜨며 다시 노려보았다.

수담이는 속이 바짝바짝 탔다.

네모짱의 위기

밖에서 문 두드리는 소리가 들렸다.

"뭐야?"

사다리꼴 병사 하나가 네모짱을 끌고 들어왔다.

"이 녀석도 신성한 숲 주변에서 서성거리기에 잡아왔습니다."

"뭐? 오늘 웬일들이지? 넌 또 뭐냐?"

평행사변형 장교가 네모짱에게 소리를 질렀다. 두 손이 묶인 채 서 있는 네모짱도 잔뜩 겁먹은 표정이었다.

"내 말이 안 들리나? 뭐 하는 녀석이야?"

"그냥 네몹니다."

"그냥 네모라고? 그냥 네모가 감히 여길 들어와? 이봐, 병사! 어떻게 된 일이야?"

사다리꼴 병사가 흠칫 놀라 몸을 곧추세우고는 대답했다.

"후박나무 이파리를 들고 있어서 그냥 네모인 줄 몰랐습니다. 그런데 바람에 이파리가 젖혀져서 아무것도 아닌 그냥 네모인 줄 알게 됐습니다."

사다리꼴 병사가 네모짱의 머리를 한 대 쥐어박았다. 아무것도 아닌 네모한테 속은 것에 새삼 화가 났다.

"흠, 아주 교활한 녀석이군."

평행사변형 장교가 책상을 탁탁 치며 말했다.

"성엔 어떻게 들어왔지?"

"저…."

네모짱은 덜덜 떨며 말을 제대로 잇지 못했다.

"허가 없이 다른 구역에 들어가면 어떤 형벌을 받는지 알고 있겠지? 어떻게 성문을 통과했나?"

평행사변형 장교가 다그쳤다.

"엿장수 아저씨가 주신 엿을 보여 주었습니다."

"뭐라고? 거짓말을 잘도 하는군. 어디, 내나 봐라."

네모짱이 한 손에 꼭 쥐고 있던 엿을 내놓았다. 그러나 안타

깝게도 엿 모양이 뒤틀려 있었다. 행여나 잃어버릴까 봐 너무 꼭 쥐고 다녀서 녹은 탓이었다.

"이게 정사각형이라니. 누굴 바보로 아느냐?"

"아니에요. 아까는 분명히 정사각형이었어요."

가까스로 정신을 차린 네모짱이 분명한 목소리로 대답했다. 여차하면 이곳 감옥에 갇히는 신세가 될지도 몰랐기 때문이다. 평행사변형 장교가 네모짱을 바라보며 고개를 절레절레 저었다. 한낱 미천한 네모가 정사각형을 알 리가 없다는 표정이었다.

"너, 정사각형이 어떤 모양인지 알고나 하는 말이냐?"

평행사변형 장교가 네모짱을 비웃으며 다시 물었다. 네모짱 얼굴이 파랗게 질려 갔다. 옆에 있던 수담이는 네모짱에게 미안한 마음이 들었다. 엿에 욕심부린 일이 후회되었다.

그때, 시내가 발을 뻗어 고개를 푹 떨구고 있는 네모짱의 발을 툭툭 건드렸다. 그러고는 얼른 발끝으로 정사각형을 그려 보였다. 그제야 생각난 듯 네모짱이 번쩍 고개를 들고 시내가 그린 대로

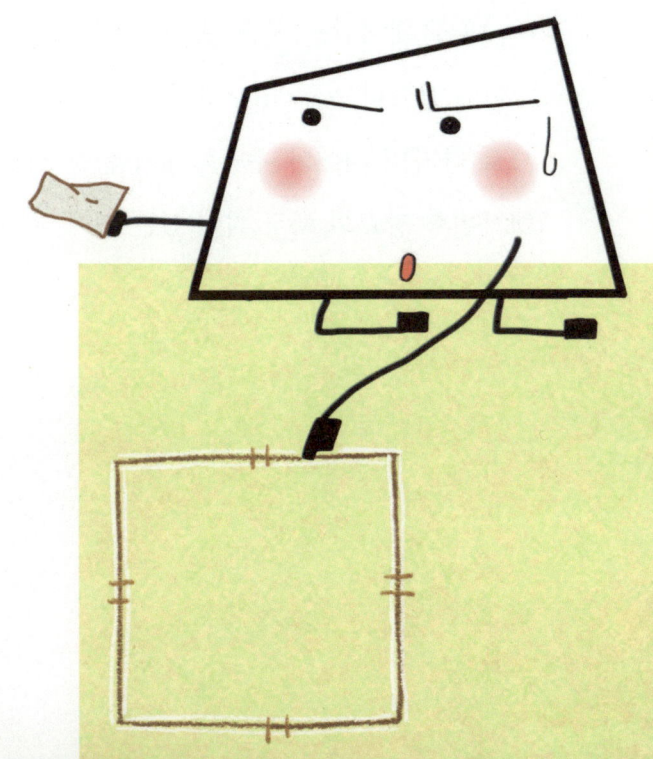

정사각형을 따라 그렸다. 그림을 지켜보던 평행사변형 장교는 깜짝 놀랐다.

"병사! 이 녀석이 정사각형 모양의 엿을 가지고 성문을 통과했다는데, 사실인지 확인해 보도록!"

"넷!"

밖으로 나간 사다리꼴 병사는 곧 돌아와 보고했다.

"사실입니다."

평행사변형 장교는 의심 가득한 눈빛으로 네모짱을 바라보았다.

"너같이 영특한 아이가 일반 사각형이라니 믿어지지 않는구나. 그러나 또 네 구역을 벗어나면 그땐 절대 용서하지 않겠다. 병사! 네모짱을 일단 내보내라."

이제 살았다는 듯 네모짱의 얼굴이 활짝 갰다. 네모짱은 밖으로 나가며 시내와 수담이에게 눈을 찡긋했다. 네모짱이 평행사변형 장교의 책상 위에 있는 종이 한 장을 슬쩍 집어 가는 건 아무도 보지 못했다.

지하 감옥

네모짱이 나간 뒤 평행사변형 장교는 다시 사다리꼴 병사를 불렀다.

"이 두 녀석은 조사가 끝날 때까지 지하에 가둬 둬라."

사다리꼴 병사들은 시내와 수담이를 지하로 끌고 내려갔다. 높고 폭이 좁은 통로를 오랫동안 걸었다. 벽이 꺾일 때마다 창살문이 달린 방이 있었고 내리막길로 이어져 있었다. 마침내 한 창살문 앞에 이르자, 사다리꼴 병사들이 시내와 수담이를 안으로 들여보내고는 자물쇠를 채웠다.

아주 어둡고 축축한 방이었다. 시내와 수담이는 머릿속이 하얘졌다. 한참을 멍하니 서 있었다.

"우리가 여기 이렇게 갇혀 있다는 걸 누가 알까?"

시내의 말에 수담이는 절망에 빠져들었다. 그때 왼쪽 벽에서 노크 소리가 났다.

"거기 누구 계세요?"

시내가 작은 소리로 물었다. 갑자기 시내의 눈 바로 밑에서 구멍이 쑥 뚫렸다. 시내는 너무나 놀라서 '엄마야!' 하며 엉덩방아를 찧었다.

"아이고, 이렇게 놀라게 할 생각은 아니었는데."

말과는 다르게 별로 미안해하지 않는 목소리였다. 시내와 수담이가 정신을 가다듬고 바라본 그곳에는 삼각형이 빼꼼히 고개를 내밀고 있었다.

"누구세요?"

"응, 나는 오각형이야. 구멍이 작아 내 몸을 다 보여 주지 못하겠구나."

"삼각형인 줄 알았는데."

"아, 한쪽만 보면 그렇게 보이겠구나. 그런데 너희는 좀 이상하게 생겼네? 원도 아니고 삼각형도 아니고, 그렇다고 육각형도 아니고 말이야."

"우리는 그냥 사람이에요."

"인간 세상에서 온 사람? 그런데 여긴 왜 잡혀 왔어?"

"숲속에 들어갔다고 우릴 잡아 가뒀어요."

"숲?"

"정사각형들이 사는 마을이 숲속에 있다고 해서 가는 길이었는데, 길을 잃었어요. 그러다 잡혔어요."

"흠. 정사각형 마을에 가려고 했단 말이지? 거기 들어가려고 했으면 잡혀 올 만하지."

"왜요?"

"그건 나도 잘 몰라. 난 네모나라에 물건 좀 팔려고 왔다가 잡혔단다. 밖의 성문을 지키고 있는 평행사변형은 내가 한쪽 팔을 접고 대충 네 각과 네 변의 크기를 대면 보지도 않고 그냥 들여보내 주었어. 네모들 말이, 직사각형들은 돈이 많다길래 직사각형 마을에 들어와 본 건데, 장사는 해 보지도 못하고 신분증이 없다고 걸렸지."

오각형은 답답한 듯 한숨을 쉬며 말했다. 그때였다.

"거기, 뭐야?"

평행사변형 장교 하나가 느닷없이 안쪽을 향해 소리쳤다. 시내는 얼른 돌아서서 등으로 구멍을 가렸다. 시내가 등을 너무 바짝 대 오각형은 숨이 막혔다. 캑캑대다가 간신히 빠져나갔다. 구멍을 다시 막는 소리도 들렸다.

"아, 아무것도 아닌데요."

시내가 작은 소리로 대답했다.

"그래? 그나저나 너희는 높으신 직사각형님하고는 어떻게 아는 사이지?"

평행사변형 장교는 돌아서려다 말고 시내와 수담이에게 다가와 미심쩍은 표정으로 물었다.

높으신 직사각형님? 시내는 기다람직사각형을 말하는 것이라고 곧 깨달았지만, 아저씨가 성벽을 넘어오도록 도와주었다는 말을 하면 안 될 것 같았다.

"그, 그냥 친해졌는데요."

평행사변형 장교는 의심스럽다는 듯 시내를 한참 노려보더니 꺼림칙한 눈초리를 하며 돌아갔다.

감옥에서 만난 오각형

시간이 꽤 흘렀다. 어둠에 눈이 익었기 때문인지 방은 아까보다 훨씬 밝아진 것처럼 느껴졌다. 벽에서 다시 똑똑 소리가 나며 구멍이 열렸다.

"나야, 오각형."

"네, 조용히 얘기해야 해요."

시내는 주위를 둘러보고는 오각형을 향해 집게손가락을 입술에 대 보이며 말했다.

"정사각형 마을로 들어가는 길을 그 높으신 직사각형이 알려 준 모양이지? 나중에라도 혹시 정사각형 마을에 가게 되면 나도 같이 가면 안 될까? 정사각형이 직사각형보다 훨씬 높으니까 돈도 더 많을 텐데."

"그것보다 우린 지금 여길 빠져나가는 게 문제예요."

"그렇군. 너희들이 오기 전에 뿔 달린 사각형처럼 생긴 이상한 도형이 잡혀 있었는데 결국 나가지 못하고 죽었지."

"죽어요?"

시내와 수담이가 놀라 동시에 소리쳤다. 그 모습을 본 오각형은 당황하며 달랬다.

"어, 어, 그러지 말고 진정해. 난 오 년이나 이곳에서 살았는데도 이렇게 건강하잖아. 걱정하지 마."

"오 년이요?"

아까보다 더 놀란 수담이가 털썩 주저앉았다. 오각형은 괜한 말을 한 것 같아 어쩔 줄 몰라 하다가 좋은 생각이 난 듯 눈빛을 반짝이며 말했다.

"그 직사각형이 높으신가 본데, 그분 핑계를 대 봐."

"핑계를 대라고요?"

"그분이 너희한테 숲속에 들어가라고 했다고 말하면 되잖아. 그러면 그 높으신 직사각형이 대신 잡히거나 아니면, 너희를 이곳에서 빼주거나 할 거 아니야."

"안 돼요. 그분은 우리 친구예요."

시내는 기다람직사각형까지 위험에 처하게 될까 봐 걱정하며 손을 내저었다.

"쯧쯧, 세상을 사는 요령이 없네."

오각형은 머리를 긁적이며 슬그머니 사라졌다. 구멍도 닫혔다. 주위는 더 조용해졌고 간간이 시내와 수담이의 한숨 소리만 들릴 뿐이었다.

얼마나 시간이 흘렀을까. 갑자기 사다리꼴 병사들이 나타났다.

"둘 다 이리 나와!"

사다리꼴 병사들이 자물쇠를 열며 말했다. 시내와 수담이는 발이 저려 빨리 걷지 못했다. 사다리꼴 병사들은 둘을 재촉하며 비쩍 마른 평행사변형 장교가 있는 방으로 데려갔다.

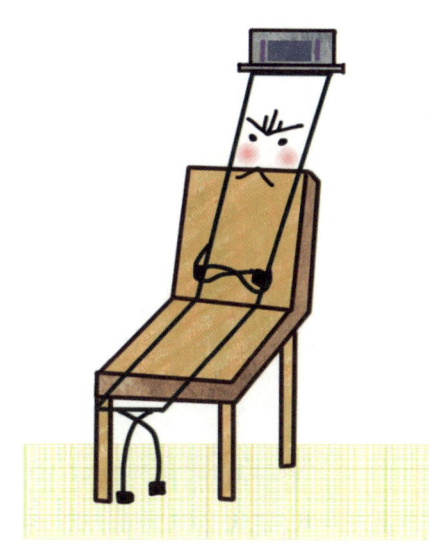

방엔 너무도 반가운 얼굴이 있었다. 기다람직사각형이었다. 기다람직사각형을 본 시내와 수담이는 갑자기 설움이 복받쳐 왈칵 울음을 쏟아냈다. 평행사변형 장교는 얼굴을 찡그렸다. 간신히 울음을 그친 시내와 수담이는 눈물이 그렁그렁한 눈으로 서로 마주 보았다.

'기다람직사각형이 우리 대신 잡혀 오기라도 한 걸까?'

두 사람의 걱정을 알아챘는지 기다람직사각형이 안심하라는 눈빛으로 씩 웃으며 말했다.

"고생했겠구나. 이젠 괜찮다. 무서웠지?"

이곳에서는 들어 볼 수 없었던 아주 정겨운 목소리였다. 눈물 콧물이 범벅이 된 시내와 수담이 얼굴이 환해졌다. 기다람직사각형이 토닥토닥 등을 다독여 주었다.

"너희가 여기 있다는 걸 네모짱이 알려 줬단다. 너희도 네모짱처럼 엿장수 아저씨가 준 정사각형 모양의 엿을 들고 들어왔다고 평행사변형 장교한테 얘기했다. 그런데 그 엿을 먹어 버리는 바람에 신분증이 없어지게 되었다고 말이야. 진작 그 얘기를 하지 그랬니?

기다람직사각형이 웃으면서 말을 이었다. 수담이는 무서워서 아무 생각도 나지 않았다는 말을 하고 싶었으나 밖으로 나온 소리는 울음이 잦아드는 꺽꺽 소리뿐이었다.

"이리 와서 너희들이 본 것을 차례대로 그려 봐라. 정사각형도 그려 보고."

시내와 수담이는 평행사변형 장교가 삐딱하게 앉아 지켜보고 있는 책상 위에 보통 사각형과 사다리꼴, 평행사변형, 직사각형 그리고 정사각형까지 그렸다.

평행사변형 장교는 시내와 수담이가 그린 도형들을 보며 입을 다물지 못했다.

"말씀대로군요. 놀랍구나. 너희 같은 어린이들이 이렇게 많은 도형을 이해하고 그릴 수 있다니….”

기다람직사각형은 두 사람에게 한눈을 찡긋하며 웃어 보였다. 시내와 수담이도 이제야 살았다는 눈빛을 하며 살짝 웃었다. 그 사이 종이를 들고 나갔다 돌아온 평행사변형 장교가 말했다.

"정사각형님께서 안으로 들여보내라고 하십니다. 직접 확인하고 싶으시답니다.”

드디어 정사각형 마을에 들어가 볼 수 있게 되었구나, 시내와 수담이는 그동안의 고생은 싹 잊은 채 서로 손을 잡고 팔짝팔짝 뛰며 좋아했다.

신성한 숲의 비밀

　시내와 수담이는 기다람직사각형과 함께 평행사변형 장교를 따라갔다. 기다람직사각형 집에서 그리 멀지 않은 곳에 이르자 평행사변형 장교가 일행을 세웠다.
　"여기서 기다려라. 좀 있으면 너희들을 데리러 학자정사각형님이 직접 나오실 거다. 영광인 줄 알아라. 하지만 각별히 조심하도록. 만에 하나 불경스러운 언행으로 정사각형님의 마음을 어지럽히는 일이 있을 땐 용서하지 않겠다."
　"거, 되게 겁나네."
　시내가 입술을 뽀로통하게 내밀며 쫑알거리자 평행사변형 장교 눈꼬리가 올라갔다. 둘 사이의 묘한 신경전에 기다람직사각형이 너털웃음을 터뜨렸다. 바로 그때였다. 정사각형 하나가 개울 저편 숲속에서 손을 흔들며 나타났다.

"학자정사각형님이시다."

평행사변형 장교는 학자정사각형에게 90도 각도로 허리를 꺾어 인사했다. 긴장한 탓인지 한껏 몸을 세웠지만 곧추서지 못한 모습이 왠지 우스꽝스러웠다.

거만스럽게 뒤로 젖힌 모양이 된 평행사변형 장교가 딱딱한 목소리로 시내와 수담이에게 소리쳤다.

"어서 건너가라."

시내와 수담이는 기다람직사각형과 아쉬운 작별 인사를 나누었다. 그리고 개울을 건너 숲으로 올라섰다.

학자정사각형은 말없이 앞장서서 숲을 걸었다. 숲속에서 헤맸던 기억이 새삼스럽게 떠오른 시내는 학자정사각형을 따라가면서 길을 익히려고 애를 썼다. 하지만 숲은 이곳이나 저곳이나 똑같아 보여서 도저히 길을 알 수가 없었다.

"수담아, 이 숲길에는 어떤 규칙이 있는 것 같아."

학자정사각형이 들을까 조심스러운 듯 시내가 속삭이듯 말했다.

"맞아. 걷다 보면 길이 막혀 있거나 왔던 자리에 또 돌아오

곤 했는데, 저 정사각형 아저씨는 망설임 없이 찾아가네."

수담이가 역시 속삭이는 목소리로 대답했다. 그때

학자정사각형이 고개를 돌렸다. 둘은 놀랐지만 짐짓 아무렇지도 않은 듯한 표정을 지으며 따라 걸었다.

"이름이 뭐지?"

생각과는 다르게 낮지만 아주 부드러운 목소리였다.

"시내예요"

"전 수담이라고 해요."

"좋은 이름들이구나. 이제 조금만 더 가면 된단다. 다리는 아프지 않니?"

"아니요, 괜찮아요."

시내가 얼른 씩씩한 목소리로 대답했다.

'나는 많이 아픈데….'

수담이는 속으로 꿍얼댔다.

"이 숲속에 들어왔었다고?"

"네. 정사각형 마을을 구경하고 싶었거든요."

"구경?"

학자정사각형이 잠시 시내를 바라보더니 웃었다.

"이곳에 살지 않아서 잘 모르는구나. 이 숲은 신성한 숲이라 아무나 들어올 수가 없단다. 정사각형 말고는 숲을 지키는 병사들과 몇몇 직사각형들만 드나들 수 있단다. 섣불리 들어왔다간 영락없이 길을 잃게 되지."

"마법의 숲인가요?"

수담이가 숲을 둘러보며 물었다. 하늘을 가리도록 빽빽하게 서 있는 큰 나무들이 수담이를 내려다보고 있었다. 바람에 사락사락 흔들린 가지들이 수담이를 비웃는 것만 같았다.

"마법은 아니고, 미로*로 만들어져 있을 뿐이지."

"아, 그렇구나. 그런데 제대로 된 길로 가고 있는지 어떻게 알 수 있나요?"

수담이가 학자정사각형에게 물었다.

"그건 우리 정사각형 중에서도 일부만 알고 있는 비밀이란다."

 학자정사각형은 요리조리 능숙하게 나무 사이를 비켜 가며 말했다.

 숲에는 비슷비슷한 나무들이 빼곡하게 자라 있었다. 그래서인지 시내는 어느 쪽으로 가야 할지 도무지 알 수 없었다. 하지만 학자정사각형은 빙긋 웃으며 큰 나무를 지나갔다.

 시내가 나무를 올려다보았다. 시내는 '떡갈나무, 신갈나무.' 하고 속으로 새기면서 학자정사각형이 다음에는 어떤 나무를 지나가는지 눈여겨보았다.

 학자정사각형은 앞을 가로막는 자잘한 나뭇가지들을 들어 올리며 빠른 걸음으로 걸었다. 또다시 떡갈나무 사이를 지나갔다.

 '흠! 뭔가 알 수 있을 것 같기도 한데….'

 시내가 알 듯 말 듯 한 표정을 지으며 걷고 있는데 갑자기 학자정사각형이 입을 열었다.

 "이제 다 왔다."

 숲이 끝나자 넓은 정원이 눈앞에 펼쳐졌다. 네모반듯하게 가꿔진 화단에는 갖가지 꽃들이 가득했다. 저희끼리 몸을 비비며 들판에서 자라는 꽃들과는 또 다른 아름다움이 있었다.

꽃밭 위로는 나비와 벌이 꽃잎처럼 떠다녔고, 향기로운 바람이 가슴 가득히 쏟아져 들어오는 것 같았다. 화단 가운데에 있는 분수에서는 흰 물줄기가 하늘을 향해 시원스레 솟구치고 있었고, 그 옆으로 반쪽이 된 무지개도 걸려 있었다.

"이제 그만 갈까."

이것저것 신기한 구경에 빠진 시내와 수담이를 재촉하며 학자정사각형이 다시 서둘러 걸었다.

정사각형 모양의 벽들을 몇 개 지나 어느 건물에 이르자 학자정사각형이 문을 열며 시내와 수담이에게 말했다.

"들어가자."

현관문과 창문, 바닥과 벽, 천장뿐만 아니라 안에 놓여 있는 의자며 책상까지 모든 것이 정사각형으로 이루어진 건물은 엄숙한 느낌마저 들었다. 더구나 티 하나 없이 눈부시게 흰 색깔이어서 신비롭기까지 했다. 흰 도화지에 가느다란 연필로 그려 놓은 집 안에 쏙 들어온 것 같은 느낌이었다. 함께 온 학자정사각형은 의자를 가리키며 잠시 앉아서 기다리라고 했다. 그러고는 안쪽에 있는 문으로 들어갔다.

가장 넓은 도형

학자정사각형이 들어갔던 문이 소리 없이 다시 열렸다.

수담이는 긴장이 되어 다리에 쥐가 날 것만 같았다. 시내도 긴장되기는 마찬가지였지만 수담이 손을 꼭 잡아 주었다.

문이 열리고 조금 이따가 네 명의 정사각형 관리들이 잇따라 나왔다. 그 뒤로 학자정사각형이 따라 나왔고, 그들은 대리석 기둥 앞에 나란히 섰다.

대왕정사각형이 나와 단상 위 의자에 앉았다. 밑에 있던 다른 정사각형들이 몸을 깊숙이 숙여 깍듯하게 인사했다. 시내와 수담이도 엉거주춤 일어나 고개를 숙였다. 고개를 들자 학자정사각형이 시내와 수담이에게 앉으라는 손짓을 하며 말했다.

"저 위에 앉아 계신 분이 우리 네모나라 대왕님이시다. 여기 이 네 분 정사각형님들은 대왕님 뜻을 받들어 우리나라를 다스리시는 높으신 정사각형 관리들이시다."

높으신 정사각형 관리 중 한 명이 시내와 수담이가 미처 인사를 하기도 전에 다짜고짜 목소리를 높였다.

"너희들이 정사각형들만 사는 신성한 숲속에 침입했다는 보고를 들었다. 누가 너희들을 보냈지?"

평행사변형 장교와 똑같은 말투였다.

"누가 보내서 온 것이 아니래도요. 정사각형 마을을 구경하고 싶었을 뿐이에요."

수담이가 답답하다는 듯 인상을 쓰며 대답했다.

"신성한 숲에는 들어오면 안 된다는 것을 몰랐나?"

"알긴 했지만… 왜 들어가면 안 되나요?"

시내가 또박또박 말했다. 높으신 정사각형 관리들이 놀라 시내를 바라보았다.

"정말 버릇없는 아이들이군. 이곳 네모나라 사람들은 왜 숲에 들어가면 안 되는지 아무도 묻지 않는다."

"왜요?"

시내와 수담이가 한 목소리로 물었다.

"아니, 그걸 몰라 묻느냐? 우리 정사각형 숲이기 때문이지. 신성한 곳이다! 여기 정사각형 숲에는 다른 네모들은 감히 들어올 수 없다."

"왜요? 다 같은 네모들인데요."

시내가 되묻자 앞에 나서서 묻던 높으신 정사각형 관리가 흥분한 표정으로 입을 다물지 못했다. 그러자 옆에 서 있던 다른 높으신 정사각형 관리가 나서며 말했다.

"말이 많구나. 우리는 오래전부터 그렇게 살아왔다."

정사각형 관리는 뭔가 설명을 해야겠다 싶었는지 목청을 가다듬고 다시 차근차근 말했다.

"우리 정사각형들이 이 네모나라를 다스린다는 것은 알고 있겠지? 한 나라를 다스린다는 것은 굉장히 어려운 일이다. 춤추고 놀기만 좋아하는 방탕한 사각형들이나 굼뜨기 이를 데 없는 사다리꼴, 보기만 해도 위태로운 평행사변형, 거기다 길쭉하지 않으면 납작한 직사각형들을 별 탈 없게 다스린다는 것은 정말 힘든 일이다. 그런데 이 네모, 저 네모들이 모두 들어와서 떠든다고 생각해 봐라, 나라가 어찌 되겠나? 게다가 이 정사각형 마을은 예로부터 신성한…."

얘기를 듣던 시내가 발끈해서 말을 가로막았다. 그 푸근하고 정답던 사각형들에게 방탕하다고 하니 화가 났다.

"왜요? 춤추고 노래 부르는 게 어때서요? 사각형들은 방탕하지 않아요. 땀 흘려 일하고 난 뒤에 함께 모여 즐기지 않으려면 왜 일을 해요?"

잠시 말을 멈췄던 정사각형 관리가 놀란 눈으로 시내를 바라보며 다시금 소리 높여 말했다.

"머리는 쓰지 않고 몸만 움직이는데 무슨 일을 했다고? 그리고 그 생김새 좀 봐라. 반듯하게 생긴 우리와는 정말 비교되지 않느냐?"

줄지어 선 네 명의 높으신 정사각형 관리들이 가슴을 한껏 앞으로 쭉 내밀며 뽐냈다. 그때 학자정사각형이 나서서 차분한 목소리로 말했다.

"수담아, 시내야. 정사각형을 어떻게 그리는지 이분들 앞에서 다시 말해 보아라."

"네, 간단해요. 한 변을 그리고 나서 90도로 꺾으면서 똑같은 길이의 변을 세 번 더 그리면 돼요."

수담이의 대답이 조금은 퉁명스러웠다. 맨 처음 수담이에게 물었던 높으신 정사각형 관리가 호들갑스럽게 소리쳤다.

"아니, 그 깊은 원리를 이렇게 간단하게 설명할 수 있다니 놀랍군. 이상하고 묘한 아이들이구나. 너희들, 어디에서 왔다고 했지?"

"인간 세상이요. 이상한 것은 우리가 아니라 다 같은 사각형 끼리 서로 차별하고 잘난 척하며 사는 정사각형 바로 당신들이에요!"

시내는 두 눈을 똑바로 뜨고 또박또박 맞받아쳤다. 높으신 정사각형 관리들은 아예 까무러칠 듯한 표정이 되었다. 옆에 섰던 정사각형 관리도 화를 삭이려는 듯 가슴을 지그시 누르고는 다시 설명하는 어투로 말했다.

"어떻게 사각형들이 다 같다고 할 수 있지? 그건 억지야. 음, 땅 넓이 알아보는 것을 예로 들어 볼까? 우리 정사각형 모양의 땅은 한 변의 길이만 있으면 알 수 있어. 곱하기만 하면 바로 넓이를 구할 수 있으니까. 그렇지만 다른 사각형들은 어떻지? 직사각형 땅은 가로와 세로 길이를 따로따로 재서 곱해야 해. 또 평행사변형은 밑변의 길이에다 높이를 따로 구해서 곱해야 하고. 사다리꼴 땅은 더 골치 아프지. 윗변, 아랫변에다 높이까지 알아야 겨우 땅 넓이를 알 수 있거든. 일반 사각형은 또 어떨까? 일정한 공식도 없어. 생김새에 따라 이리저리 쪼개 한참을 잰 다음 더해야 가까스로 넓이를 알 수 있어. 봐라, 이런

실정이니 우리 정사각형이 네모나라에서 가장 귀하신 분들이지."

옆에 있던 또 다른 높으신 정사각형 관리도 자랑스러운 목소리로 거들었다.

"게다가 우리 정사각형의 가장 위대한 점은 너희들도 알고 있을 텐데? 끈이 하나 있다고 생각해 봐라. 그 끈으로 사각형을 만들 때, 우리 정사각형의 넓이가 가장 넓다는 건 알고 있나?"

이 말을 듣고, 수담이가 피식 웃으며 아까보다는 조금 가라앉은 목소리로 대꾸했다.

"네모들 가운데서나 그렇지요. 그 끈으로 다른 걸 만들어 봐요. 정오각형이 더 넓고 정육각형이 더 넓어요. 결국 원이 가장 넓지요. 겨우 정사각형 정도로…."

"뭐라고?"

수담이는 미처 말을 끝맺지 못했다. 높으신 정사각형 관리들이 한꺼번에 소리쳤기 때문이다.

"뭐라고? 원이라고?"

"우리 정사각형보다 더 넓은 게 있다고?"

"말도 안 돼…."

"이런 불경스러운 말을 뱉어 내는 자들은 당장 가둬야 해요. 이런 말이 퍼지면 우리 네모나라가 어떻게 되겠습니까? 다른 네모들이 지금처럼 우리 정사각형들을 우러러보겠습니까?"

"당장 가둡시다. 당장!"

높으신 정사각형 관리들은 노여움에 부르르 몸을 떨었다. 얼굴도 붉으락푸르락해졌다.

시내와 수담이는 가둔다는 말에 놀라 벌떡 일어섰다.

대왕님의 정체

그때, 단 위 의자에 앉아 있던 대왕정사각형 목소리가 들려왔다.

"원이라고 했나?"

깊은 우물 속에 고개를 숙이고 말을 했을 때처럼 묘한 울림이 있는 목소리였다. 왕왕대며 떠들던 높으신 정사각형 관리들이 입을 다물었다. 모두 대왕정사각형을 올려다보았다.

"네, 원이요."

수담이가 분명하게 대답했다.

"어떻게 생겼는가?"

대왕정사각형이 근엄한 표정으로 되물었다. 그러자 밑에 있던 높으신 정사각형 관리들이 시내와 수담이를 가로막으며 저마다 한마디씩 했다.

"대왕님, 더 들으실 필요가 없습니다."

"이 아이들은 지금 거짓말을 하고 있습니다."

거짓말을 하고 있다는 말에 시내가 발끈했다.

"우리는 거짓말쟁이가 아니에요. 우린 동그라미나라에도 가 봤어요. 동그라미들이 모여 사는 나라 말이에요."

"동그라미나라라고?"

대왕정사각형이 다시 물었다.

"그 원이라는 것이 어떻게 생겼지?"

"그야 동그랗게 생겼죠, 뭐."

시내가 그것도 모르냐는 식으로 통명스럽게 대답했다. 학자정사각형이 대왕님께서 쉽게 알아듣도록 다시 말하라고 하자, 수담이가 한 발 나서며 말을 이었다.

"원은 둥근 도형이에요. 한가운데 중심에서 재어 보면 위, 아래, 옆 어디든지 길이가 똑같아요."

"말만 들어서는 잘 모르겠구나. 저 아이들에게 종이와 연필을 주어서 그려 보게 하라."

수담이가 종이 위에다 크게 원을 그렸다. 학자정사각형이 깜짝 놀라며 대왕정사각형에게 종이를 가져다 보였다. 종이를 바라본 대왕정사각형도 고개를 번쩍 들었다.

"아니, 이것들은 바퀴 아니냐?"

"그렇습니다. 그 미천한 바퀴들이 우리보다 넓이가 넓다니 말도 안 됩니다."

높으신 정사각형 관리들이 손사래를 치며 말했다. 바퀴들은 공사장에서 무거운 물건들을 옮기는 일을 하고 있었다. 네모나라 병사들이 밖에서 끌고 온 도형이었다. 더구나 정사각형 관리들은 바퀴는 구르는 것 말고는 쓸모가 없다고 생각했었다. 그래서인지 바퀴가 '원'이라는 멋진 이름으로 불리는 것조차 용납할 수 없다는 태도를 보였다.

"허. 이렇게 생긴 도형들이 함께 모여 사는 나라가 있다니 놀랍구나. 어떤 나라인지 얘기를 듣고 싶구나."

대왕정사각형이 몸을 앞으로 수그리며 말했다. 시내와 수담이는 동그라미나라에 관해 이것저것 이야기를 풀어냈다. 친절하고 따뜻했던 동그라미들, 동그란 마을과 학교, 원은 완전하다는 이야기까지….

"동그라미들도, 세모들도 우리를 이렇게 험악하게 대하지는 않았어요. 세모들은 다른 도형을 쉽게 만들 수도 있어요. 직각이등변삼각형 둘이 빗변을 마주 대어 정사각형을 만들 수도 있고, 또….”
 시내의 말을 듣고 있던 정사각형 관리들의 얼굴이 험악하게 일그러지더니 고함이 터져 나왔다.

"뭐라고? 세모 따위가 정사각형을 만든다고?"

높으신 정사각형 관리들은 기절 직전이었다. 대왕정사각형도 너무나 놀란 나머지 벌떡 일어섰다. 그런데 그때 이상한 일이 벌어졌다.

급하게 일어나는 대왕정사각형의 모습이 어딘가 이상했다. 오른쪽 어깨가 조금 갈라져 있었고, 목소리도 두 개의 서로 다른 목소리인 것처럼 들렸다. 시내는 그런 대왕정사각형을 찬

찬히 쳐다보았다.

"어? 이상한데?"

시내가 수담이를 툭툭 치며 대왕정사각형을 가리켰다. 그 순간 대왕정사각형 몸이 순식간에 대각선으로 완전히 갈라졌다가 다시 붙었다.

"어라! 세모잖아?"

시내와 수담이가 동시에 얼굴을 마주 보며 속삭였다.

"맞아. 직각이등변삼각형*이야. 세모 둘이서 몸을 맞대서 정사각형처럼 꾸미고 있었던 거야."

그 말을 듣고 있던 높으신 정사각형 관리들이 다짜고짜 시내와 수담이를 붙들었다.

"더 이상 이대로 두면 안 되겠소. 끌어냅시다."

"대왕님, 이놈들을 혼쭐내야겠습니다."

"병사들, 빨리 와서 이 아이들을 잡아 가두도록!"

높으신 정사각형 관리 하나가 문밖으로 뛰어나가 큰소리로 평행사변형 병사들을 불렀다.

"왜 이래요?"

시내가 앙칼진 소리를 내며 몸부림을 쳤다. 양옆에서 시내를 붙들고 있던 높으신 정사각형 관리들이 나가떨어졌다. 시내는 재빨리 몸을 날려 수담이를 붙잡고 있던 정사각형 관리들을 차례로 물어뜯었다.

"아얏, 아얏!"

정사각형 관리들이 얼굴을 찡그리며 나뒹굴었다. 그 틈을 타 시내가 수담이 손을 잡고 무작정 뛰었다. 분수대와 정원을 지나 숲으로 들어섰다. 숨이 차올랐다.

"시내야, 조금만 쉬었다 가자."

"안 돼. 그러다가 잡히면 어떡하려고."

시내는 지하 감옥이 떠올라 소름이 돋았다.

"쩌렁."

"철커덩."

병사들이 뛰면서 창이 바닥에 부딪히는 소리였다. 시내와 수담이를 쫓는 병사들의 호루라기 소리와 다급한 발소리가 섞여 어지럽게 들렸다. 시내와 수담이는 있는 힘을 다해 숲속을 가로질러 달렸다.

"잠깐, 이렇게 무조건 앞으로만 달리면 안 되는데…."

시내는 떡갈나무 두 그루가 바짝 붙어 있는 쪽으로 뛰었다.

"호르륵 호르륵."

호루라기 소리가 점점 가까이 들려왔다. 수담이는 숨이 턱에 차올라 더 이상 달릴 수가 없었다. 수담이는 시내를 뒤따라 두 그루의 떡갈나무 사이로 간신히 몸을 빼냈지만 이내 고꾸라지고 말았다.

"저벅저벅 저벅저벅."

발소리들이 아주 가까이 들렸다.

"어떡하지? 우릴 포위했나 봐."

수담이는 절망한 나머지 울음이 터질 것 같았다. 하지만 크게 소리 내어 울 수도 없었다.

숲속의 마름모

시내는 애가 탔다. 어디로 가야 할지 막막했다. 그때, 어디선가 작은 소리가 들렸다.

"여기, 이쪽으로 와."

놀란 시내가 두리번거렸지만 아무도 보이지 않았다.

"이리로 오라니깐."

힘없이 엎어져 있던 수담이가 먼저 그 소리의 주인공을 발견했다. 어린 세모였다. 두세 걸음쯤 떨어진 앞쪽에 열 아름은 됨직한 커다란 나무 밑동에 난 구멍으로 어린 세모 하나가 얼굴을 빼꼼히 내밀고 있었다.

"이리 와. 여기 숨어."

시내와 수담이는 마지막 남은 힘을 다해 어린 세모가 오라고 손짓하는 곳으로 뛰었다. 두 사람이 구멍 안으로 들어가자 어린 세모는 재빨리 나무껍질로 구멍을 막았다.

구멍 속은 어두컴컴했지만 제법 아늑하고 넓었다. 가쁜 숨을 내쉬는데 곁을 지나가는 발소리가 들렸다. 헐떡거리던 수담이의 숨소리가 더욱 커졌다.

"쉿! 수담아. 숨소리가 너무 커. 들키겠어. 마음을 좀 가라앉혀 봐."

시내가 수담이 귀에 대고 떨리는 소리로 속삭였다. 수담이는 고개를 끄덕였지만, 점점 커지는 발소리가 무서워서 숨을 고르기가 쉽지 않았다.

"너무 겁내지 마. 괜찮을 거야."

바깥 상황에 귀를 기울이던 어린 세모가 시내와 수담이에게 아주 낮은 소리로 말했다.

"마음을 편안하게 가져. 우리를 발견하기 쉽지 않을 거야. 쫓기고 있다고 생각하지 말고 자신을 그냥 나무라고 생각해 봐."

시내와 수담이는 세모의 말대로 눈을 감고 나는 나무다, 나는 나무다, 하고 주문을 외듯 낮게 중얼거렸다.

'그래, 쫓긴다는 것을 잊자. 우리는 나무다. 이 나무와 똑같

은 나무다, 나무. 나무….'

한참을 지나자 나무 주위를 맴돌던 발소리가 서서히 잦아들었다. 옹이구멍으로 밖을 살피던 어린 세모가 이젠 괜찮다며 나무껍질을 조심스럽게 치웠다. 모두 밖으로 나왔다.

"어머? 너는…."

어린 세모는 세모가 아니었다. 조금 전 시내와 수담이를 잡아야 한다고 펄펄 뛰던 정사각형들과 모습이 똑같았다. 둘은 너무나 놀라서 입을 다물지 못했다. 시내가 놀란 가슴을 애써 쓸어내리면서 말했다.

"고마워. 너는 저 안쪽 마을에 있는 정사각형들과 모습은 같은데, 마음씨는 참 다르구나."

수담이도 궁둥이에 붙은 나무 조각들을 털어 내면서 고개를 끄덕였다.

"고맙기는. 내 이름은 마세야. 정사각형과 모습이 같지만, 마름모*로 불러 주는 걸 더 좋아해."

마세는 당당하게 꼭짓점 하나로 서 있었다.

"아하, 그래서 아까 윗부분이 세모로 보였구나."

"난 마름모 중에서도 네 각의 크기가 똑같은 특별한 도형이야. 정사각형과 모든 조건이 똑같거든. 그건 그렇고 빨리 피하

자. 병사들이 다시 올지 모르니까."

 그들이 움직이자 저만치 떨어져 있는 나무에서 누군가 머리를 쏙 내밀었다. 달려가던 시내와 수담이가 놀라 걸음을 멈췄다.

 "애들아, 조심해라. 병사들이 아주 많구나. 사다리꼴, 평행사변형은 말할 것도 없고 직사각형들까지 죄다 나서서 숲을 뒤지고 있단다. 여태껏 숲속에 살면서 이런 일은 처음 보았구나."

"알았어요. 엄마."

엄마 마름모는 손을 흔들며 다시 나무 문을 닫아걸었다. 마세가 앞장서서 뛰었다. 그새 서로 연락이 있었는지 몇 개의 나무 문이 열리면서 많은 마름모들이 세모꼴로 고개를 내밀고 시내와 수담이가 갈 길을 안내했다.

"이쪽으로, 이쪽으로."

마세가 서서히 속도를 줄이면서 말했다.

"우리 엄마가 그러시는데 우리는 정사각형에게 쫓겨났대. 우리만 보면 아주 불쾌해하고 따돌리더니 결국 쫓아낸 거야. 우리만 쫓아낸 게 아니라, 넓적이 마름모나 홀쭉이 마름모 같은 다른 마름모들까지 네모나라에서 쫓아냈대. 우리 마름모들은 살 곳을 찾아 헤맸지만 마땅한 곳이 없었대. 그래서 다시 돌아와서 이 숲속에 숨어 살기 시작한 거야."

"넓적이?"

"홀쭉이?"

시내와 수담이가 차례로 물었다.

"응. 위아래 각이 둔각이면 넓적이, 예각이면 홀쭉이라고 불러."

"그런데 너희는 무슨 일로 쫓기고 있니?"

시내와 수담이는 마세에게 정사각형 마을에 오게 된 일과 마을에서 있었던 일, 대왕정사각형이 정사각형이 아니라 세모였던 일 등을 이야기해 주었다. 한참을 걷다 보니 숲 옆으로 보랏빛 꽃이 흐드러지게 피어 있는 정원이 나타났다.

"이렇게 아름다운 곳에 살면서 정사각형들은 왜 그런지 모르겠어. 우쭐대기나 하고, 제멋대로이고."

시내가 꽃을 바라보며 말하자 마세도 고개를 끄덕였다.

"우리 선생님이 그러시는데 아름다운 곳을 혼자 차지하려 드니까 그러는 거래. 너희가 사는 인간 세상은 안 그러니?"

"우리도 그래. 사람들은 좋은 것을 차지하려고 경쟁해. 욕심 많은 아이가 더 심술궂기도 해."

수담이가 시내를 보며 말하자 시내도 고개를 끄덕였다.

"그나저나 일이 좀 복잡해지겠는걸. 정사각형 관리들은 너희 두 사람을 반드시 잡으려고 할 거야. 대왕님이 정사각형이 아니라 세모라는 것을 알아 버렸으니 말이야. 아마 잡히면 가만두지 않을 거야."

마세는 시내와 수담이를 걱정하며 말했다.

"뭐? 가만두지 않는다고?"

수담이가 놀라 물었다. 그때, 마세가 갑자기 낮은 목소리로 외쳤다.

"엎드려!"

시내와 수담이가 재빨리 몸을 낮췄다. 멀리 꽃 사이로 네모들이 줄지어 오고 있는 게 보였다. 엄마 마름모가 말한 대로 총동원령이 내린 듯했다. 시내와 수담이 등에 식은땀이 흘러내렸다.

시내와 수담이는 무릎걸음으로 조심조심 마름모를 따라갔

다. 마세는 주위를 살피면서 조금씩 조금씩 꽃밭 옆으로 기어 나갔다.

분수와 흰 건물들을 멀찌감치 돌아서 정사각형 마을을 벗어난 일행은 마을 맨 끝에 덩그러니 따로 떨어진 집 앞에 이르렀다.

"여기서 잠깐 기다려."

마세가 시내와 수담이에게 말하고는 건물 안으로 들어갔다. 곧 다시 나온 마세가 들어오라고 손짓을 했다. 시내와 수담이는 허겁지겁 안으로 뛰어 들어갔다.

문 앞에는 정사각형 하나가 서 있었다. 두 사람이 안으로 들어서자 그 정사각형은 몸을 내밀어 밖을 한 번 살펴보고는 조용히 문을 닫았다.

정사각형 마을 끝 집

"인사해, 우리 선생님이셔."

마세가 소개한 분은 정사각형의 모습을 하고 있었다.

시내와 수담이는 겁에 질린 얼굴로 허리만 숙여 인사했다. 정사각형이 마세의 선생님이라니 어찌 된 영문인지 도무지 알 수가 없었다.

"많이 놀랐겠구나. 이젠 마음 놓거라."

토닥토닥 등을 두드려 주는 듯한 부드러운 목소리가 불안했던 두 사람의 마음을 조금씩 진정시켜 주었다.

"이젠 너무 걱정하지 않아도 돼. 우리 선생님이 도와주실 거야. 마름모들이 숨어 살 수 있도록 많이 도와 주시는 고마운

분이야."

 마세가 두 사람에게 안쪽에 놓여 있는 의자를 권했다. 시내와 수담이가 자리에 앉자 마세는 선생님정사각형과 몇 마디 말을 나누고는 밖으로 나갔다.

 잔뜩 겁을 먹고 앉아 있는 시내와 수담이에게 선생님정사각형이 다가왔다. 그때 밖에서 급하게 문 두드리는 소리가 났다. 시내와 수담이가 놀라 자리에서 벌떡 일어났다.

 급히 일어나는 바람에 앉았던 의자가 와당탕 뒤로 넘어졌지만 아무도 신경 쓰지 않았다. 선생님정사각형이 문틈으로 살짝 내다보더니 괜찮다는 표정을 지어 보이며 문을 열었다. 곧이어 학자정사각형이 성큼성큼 걸어들어왔다.

 "여기 있었구나. 다행이다. 너희를 몹시 찾았단다."

 학자정사각형이 자기들을 잡으러 온 줄만 알고 긴장했던 시내와 수담이는 어리둥절했다.

 "이분은 우리 네모나라에서 가장 뛰어난 학자로, 내가 여러모로 많이 배우고 있단다."

 선생님정사각형이 학자정사각형을 소개해 주었다. 두 분은 서로 네모나라의 복잡한 일들에 대하여 지혜를 주고받으며 연구도 함께하고 있다고 덧붙였다.

"얘들아, 물어볼 게 있어서 너희들을 찾아왔단다."

학자정사각형은 시내와 수담이에게 세모들이 서로 몸을 맞대어 다양한 도형을 만들어 낸다는 얘기가 사실인지 물었다. 시내와 수담이는 삼각형 둘이 빗변을 맞대어 사각형을 만드는 결혼식 광경과 모래밭에서 온갖 도형을 만들며 놀고 있던 세모들을 떠올리며 자세하게 설명했다. 시내와 수담이의 말을 듣고 학자정사각형은 고개를 끄덕이며 말했다.

"우리 대왕님의 깊은 지혜가 어디서 왔는지 알겠구나.

이제 와 생각해 보니, 대왕님은 삼각형의 쓰임새를 아주 잘 알고 계셨던 거야."

"그런데 대왕정사각형도 한 분이 아니라 둘이던데요?"

수담이가 조심스럽게 말하자, 학자정사각형이 이미 눈치를 채고 있었다는 듯 고개를 끄덕였다.

"그래, 너희들 말대로라면 우리 대왕님은 두 분의 직각이등변삼각형인 거지. 나도 일찌감치 뭔가 다르다는 걸 어렴풋이 눈치채고는 있었단다. 하지만 오늘처럼 그렇게 둘로 나뉜 모습은 한 번도 본 적 없었지. 우리는 세모라는 존재는 생각지도 못했거든."

잠시 생각에 잠겼던 학자정사각형이 다시 말을 이어갔다.

"아, 이제야 이해가 되네요. 왜 그렇게 바퀴들을 돌려보내고 싶어 했는지."

선생님정사각형은 오래전 일을 떠올리며 담담히 말했다.

"맞아요. 남의 나라 도형들을 납치해 온 셈이니 얼마나 마음이 괴로웠겠어요. 대왕정사각형님도 결국 고향을 떠나 다른 나라에 와 있는 처지였으니 더욱 그들의 마음을 이해했겠지요. 더구나 정사각형들이 바퀴들을 도형 취급도 안 하고 마구 부려 댔으니…."

학자정사각형은 덧붙여 설명도 해 주었다. 공사장에서 바퀴들이 무거운 짐들을 옮기게 되면서 공사가 아주 빨라지고 쉬워졌는데, 대왕정사각형님은 바퀴들을 돌려보내고 우리 스스로 바퀴를 만들어 써야 한다면서 그 일을 꼭 해결하고 싶어 했다고 하였다. 사각형을 바퀴로 쓰는 방법을 대왕님과 함께 벌써 몇 년 동안 연구해 왔는데, 동그라미들의 도움으로 이제 거의 방법을 찾았다는 말도 해 주었다.

"동그라미요?"

"사각형이 굴러가요?"

수담이와 시내가 동시에 물었다.

"그래. 어느 날 한 동그라미가 합류했지. 함께 머리를 맞댄

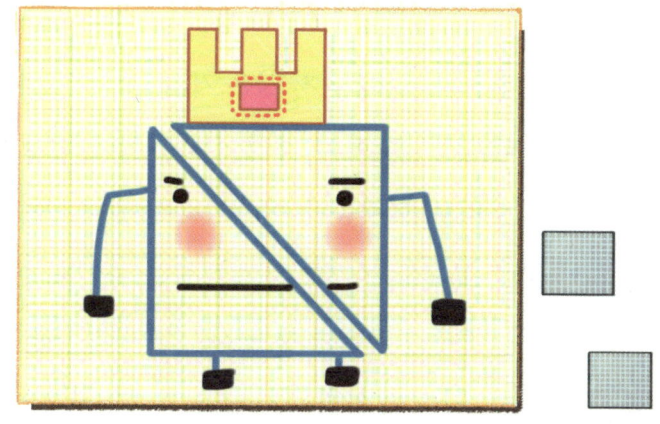

덕분에 큰 문제를 해결할 수 있게 되었단다. 이제 연구가 거의 막바지라 그동안 낯선 나라에서 고생한 바퀴들이 고향으로 돌

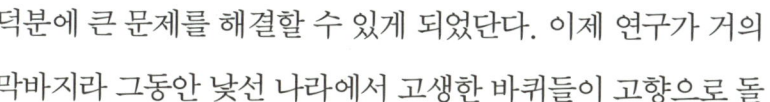

아갈 날이 얼마 남지 않은 거지."

학자정사각형이 자리에서 일어나 선생님정사각형과 낮은 목소리로 오랫동안 이야기를 나눴다. 두 정사각형은 이야기 도중 고개를 젓기도 하고 한숨을 쉬기도 했다.

시내와 수담이는 두 정사각형의 기색을 살피며 조용히 기다렸다. 잡히면 가만두지 않을 거라는 마세의 얘기가 자꾸 귓전을 맴돌았다.

시내와 수담이는 두 정사각형의 심각한 표정에 한없이 불안해졌다. 영영 이곳을 빠져나가지 못한다는 것은 상상하기조차 싫었다.

마침내 어떤 결론을 내린 듯 선생님정사각형이 두 손을 탁탁 치며 다가와 말했다.

"자, 이제 나가자."

학자정사각형의 신호에 따라 시내와 수담이는 고개를 숙인 채 두 정사각형의 뒤를 조용히 쫓아갔다. 숲에서는 아직도 시내와 수담이를 찾는 중인지 여기저기 뛰어다니는 소리가 분주하게 들렸다. 멀지 않은 곳에서 병사들이 정원을 샅샅이 뒤지고 있었다.

두 정사각형과 시내와 수담이 일행은 가까스로 그들의 눈을 피해 한 건물에 가까이 갈 수 있었다. 관리들과 대왕정사각형을 만났던 건물 바로 뒤에 가깝게 붙어 있는 집이었다.

체포

　학자정사각형이 재빨리 문을 열고 일행을 들여보냈다. 선생님정사각형과 시내와 수담이가 가쁜 숨을 고르고 있는 사이 학자정사각형은 밖을 한 번 살핀 뒤 얼른 문을 닫았다. 그러고는 선생님정사각형에게 말했다.
　"선생님, 여기서 두 사람과 함께 잠시만 기다리십시오. 대왕정사각형님께 아뢰고 오겠습니다."
　학자정사각형이 서둘러 방을 나가려고 하는데, 갑자기 벌컥 문이 열렸다.
　"잠깐, 학자 양반. 대왕님은 우리가 먼저 뵈었소."
　높으신 정사각형 관리들이 우르르 나타나 험악한 얼굴을 하며 학자정사각형 앞을 가로막았다.

"그게 무슨 말씀이오?"

"대왕님? 그동안 그깟 세모를 대왕으로 모셨다니, 생각만 해도 치가 떨리오. 대왕이 세모라는 사실을 다른 네모들이 알아 버리면 어떻게 되겠소? 하찮은 세모에게 당했다는 것이 밝혀지면 정사각형들의 체면이 뭐가 되겠느냐, 이 말이오."

정사각형 관리들은 빈정거리며 말했다.

"그리고 당신! 어디서 갑자기 나타난 근본도 없는. 그동안 대왕과 무슨 짓을 했는지 모르겠지만, 당신도 이젠 저 학자 양반과 함께 얌전히 있어 줘야겠어."

정사각형 관리 하나가 문을 열자 병사들이 우르르 달려왔다. 병사들은 정사각형 관리의 지시대로 모두를 줄로 단단히 묶었다.

시내와 수담이는 격렬하게 몸부림을 치며 저항했다. 그 와중에 네모짱이 수담이 주머니에 쑤셔 넣었던 종이가 바닥에 떨어졌다. 하지만 그 누구도 종이가 떨어지는 것을 보지 못했다. 넷은 굴비 두름처럼 엮여 끌려 나갈 판이었다.

병사들이 문을 열기 직전, 그때까지 말이 없던 선생님정사각형이 점잖게 입을 열었다.

"밖에 다른 네모들이 저렇게 많이 있는데, 우리들을 끌고 갈 거요? 우리는 정사각형이오."

험악한 기세로 앞장서던 정사각형 관리들이 멈칫했다. 창문 밖에는 아직도 사다리꼴 보초들, 평행사변형 병사들, 직사각형 등 많은 네모들이 왔다갔다했다.

"시내와 수담이뿐 아니라 정사각형들까지 한데 묶여 끌려가는 것을 저 네모들이 본다면?"

"그렇지! 그럼 큰일 나지!"

정사각형 관리들이 대책을 마련하려고 머리를 맞대고 수군댔다. 그들은 일행을 묶은 줄이 튼튼한지 확인하고는 바닥에 주저앉힌 다음 병사들을 데리고 나갔다.

커다란 정사각형 창문을 통해 네 명의 정사각형 관리들이 각각 병사들을 나누어 뒤따르게 한 후 어디론가 뛰어가는 모습이 보였다.

"저들은 밖에 있는 네모들과 병사들을 돌려보내고 금방 다시 올 거요. 빨리 서두릅시다. 한꺼번에 묶여 있으니 이제부터 같이 움직여요. 하나, 둘, 셋!"

선생님정사각형의 신호에 따라 모두 동시에 일어났다.

"자, 자칫하면 넘어지기 쉬우니까 모두들 발을 잘 맞춰서 걸어야 합니다."

 네 명이 한데 묶인 채 '하나둘, 하나둘' 발을 맞춰 가며 대왕님을 찾아 방을 나서려고 할 때, 학자정사각형이 바닥에 떨어진 종이를 발견했다.

 "이게 뭔가요?"

 간신히 몸을 구부려 구겨진 종이를 손에 쥔 학자정사각형이 뒤쪽에 묶인 선생님정사각형에게 물었다.

 "이건 미로˚숲지도가 아니오? 이게 어디서…?"

 학자정사각형의 말에 모두들 고개를 내밀고 쳐다보았다. 수담이가 무언가 생각난 듯 입을 열었다.

 "인간 세상에서 시내와 뒷산에 오르는데 이상한 일이 일어났었어요. 누군가 우리를 쫓아왔고요."

 시내가 고개를 갸우뚱거리다 확신에 찬 듯 큰 소리로 말했다.

 "맞아, 그 어린 네모야. 네모짱 말이야. 같이 잡혔던 네모짱이 우릴 찾아왔었어요."

 시내가 기억을 떠올리며 말했다.

 "그때 뒤쫓아 온 누군가와 함께 엉켜 굴러떨어질 때 네모짱이 내 주머니에 뭔가를 쑤셔 넣는 느낌을 받았는데, 바로 이

지도였나 봐요."

그저 꿈이라고만 생각했었는데, 놀라울 뿐이었다.

'그래! 이 지도만 있으면 이 신성한 숲을 빠져나갈 수 있을 거야.'

수담이는 당장이라도 네모짱을 부둥켜안고 싶은 심정이었다.

대왕정사각형의 방은 건물 맨 뒤에 있었다. 학자정사각형이 쿵쿵 문을 두드리며 대왕님을 불렀다.

"대왕님, 거기 계십니까?"

"잠깐만 기다리시오. 거의 다 돼 가오."

다행히 안에서 대왕님의 목소리가 들렸다. 곧이어 문이 열렸다. 안에는 대왕정사각형이 세모로 갈라져 서 있었다. 그중 한 세모가 진땀을 흘리며 말했다.

"그들이 갑자기 들이닥쳐 우리를 묶어 놓고 나갔는데, 알다시피 우리는 세모가 합쳐진 몸이라. 하하!"

세모들 뒤로 뱀처럼 똬리를 튼 밧줄이 보였다. 학자정사각형은 대왕정사각형이 두 세모로 나누어져 있는 모습이 낯선 듯 어찌할 바를 몰라 했다.

"대왕님들, 우리도 빨리 풀어 주세요. 정사각형 관리들이 곧 다시 올 거예요."

시내의 말에 대왕세모들이 부랴부랴 시내와 수담이, 두 정사각형을 묶은 줄을 풀었다. 시내와 수담이, 두 정사각형과 두 세모는 급히 몸을 낮춰 건물 밖으로 빠져나갔다. 그러나 이미 저쪽에서 정사각형 관리들이 달려오고 있었다. 모든 정사각형이 다 동원된 듯하였다.

병사들과 다른 사각형들은 숲을 등지고 일정한 간격으로 줄을 지어 서 있었다. 시내네 일행이 숲을 빠져나가지 못하도록 철통같이 막고 있었다. 시내네 일행은 해바라기 꽃밭 속에 몸을 웅크리고 앉아 빠져나갈 방법을 의논했지만 뾰족한 수가 없었다.

한참을 생각한 끝에 선생님정사각형이 말했다.

"시내와 수담이만 내보냅시다. 우리가 이리저리 다니면서 시선을 끌면 가능할지도 몰라요."

"그러면, 두 분과 대왕님들은 어떻게 되는 건데요?"

시내와 수담이가 걱정스럽게 묻자, 두 정사각형과 대왕세모들은 말이 없었다. 시내와 수담이는 자기들만 살자고 두 정사각형과 대왕세모들을 곤경에 빠뜨릴 수는 없었다. 게다가 지금은 대왕세모들이 더 위험했다.

대왕의 정체를 알아 버렸으니 그들이 어떤 짓을 할지는 불 보

듯 뻔했다. 감옥에 집어넣는 정도로 그치지 않을지도 몰랐다.

"안 돼, 안 돼."

시내가 계속 머리를 흔들며 중얼거렸다.

"좋은 생각이긴 하지만, 미로 숲지도가 있더라도 시내와 수담이만 가면 숲을 빠져나가기 힘들 거요."

학자정사각형이 걱정스러운 얼굴로 시내와 수담이를 돌아보며 말했다.

"누군가 가서 세모들에게 도움을 청해야겠어요. 좀 멀긴 하지만."

그때까지 입을 꾹 다물고 생각에 잠겨 있던 대왕세모들이 말했다.

"자, 시간이 없다. 얼른 이 지도를 외우거라."

선생님정사각형은 네모짱이 넣어 준 지도를 펴 시내와 수담이에게 빠져나가는 길을 설명해 주었다.

"숲속에서는 길들이 다 똑같아 보일 테니 정신을 똑바로 차리고 길을 잘 살펴봐야 한다."

선생님정사각형이 시내와 수담이를 격려하며 기운을 북돋워 주었다.

"떡갈나무 사이를 통과해서 신갈나무에서 왼쪽, 상수리나무에서 오른쪽….”

수담이는 참나무가 나올 때마다 어느 길로 가야 하는지 외우면서 가장 빨리 숲을 빠져나가는 길을 머릿속에 그려 넣었다. 한참을 외우던 시내가 해바라기 줄기 사이로 고개를 빼고 정사각형들의 동정을 살펴보았다. 정사각형들은 이제 시내네 일행이 건물을 빠져나간 것을 알아차리고 몇 무리씩 짝을 지어 다시 수색에 나선 모양이었다. 그중 한 무리가 해바라기 꽃밭 쪽을 향해 달려오는 것이 보였다. 시내가 뭔가 각오한 듯한 표정으로 말했다.

"수담아, 네가 세모나라로 가서 도움을 청해. 나는 여기 남아서 어떻게든 시간을 끌어 볼게."

"뭐라고? 싫어! 같이 가."

수담이는 싫다고 고개를 저었지만 이미 시내는 일어서서 뛰기 시작했다. 그러자 학자정사각형이 시내를 뒤쫓아 뛰며 말했다.

"선생님께서 수담이를 도와주세요! 저는 시내와 함께 여기 남겠습니다. 선생님은 밖에 나가서 만나야 할 사람도 있지 않습니까."

대왕세모들도 시내와 학자정사각형을 따라 뛰어나갔다. 정

사각형 무리들은 시내와 학자정사각형, 대왕세모들을 발견하고 삐익삐익 호루라기를 불어 댔다.
사방으로 흩어졌던
정사각형 무리가

시내 일행을 쫓기 시작했다. 숲을 가로막고 서 있던 병사들도 일제히 달려갔다.

들판을 가로지르는 기다란 네모

 시내 일행은 정사각형 무리를 따돌리느라 이리저리 뛰어다녔다. 수담이는 입술을 앙다물고 선생님정사각형을 뒤쫓았다. 눈물이 날 것 같았지만 지금은 울 때가 아니었다. 호루라기 소리와 쩌렁쩌렁 울리는 쇳소리가 금방이라도 뒷덜미를 낚아챌 것만 같았다.
 선생님정사각형과 수담이가 숲속으로 뛰어드는 모습을 발견한 병사들 몇몇이 뒤쫓아오고 있었다. 선생님정사각형이 휘익 휘파람을 불었다. 여기저기 나무들에서 조그만 문이 열리더니 미리 약속한 듯 마름모들이 튀어나와 병사들을 향해 뛰어갔다.

"여기는 마름모들에게 맡기고 어서 가자."

수담이는 미로 숲을 빠져나가는 길을 떠올리며 선생님정사각형을 따라 있는 힘을 다해 달렸다. 호루라기 소리는 점점 멀어졌다. 수담이는 나뭇가지에 얼굴과 팔이 긁혀 피가 났지만 아픈 줄도 모르고 뛰었다.

얼마나 뛰었을까. 가까스로 숲을 벗어나 언젠가 왔던 적이 있는 개울 앞에 이르렀다. 그런데 뜻밖에도 기다람직사각형이 그곳에서 몸을 접은 채 우두커니 앉아 있었다.

"어? 아저씨!"

수담이 목소리에 기다람직사각형은 화들짝 놀랐다. 기다람직사각형의 눈이 점점 커졌다.

"아…."

기다람직사각형은 수담이와 선생님정사각형이 개울을 건널 수 있도록 몸을 길게 펼쳐 다리가 되어 주었다. 든든한 지원군을 만난 수담이는 개울을 건너자마자 기다람직사각형을 꼭 안으려고 달려갔다. 그런데 어느 순간 선생님정사각형이 먼저 기다람직사각형을 얼싸안고 있었다.

"아들아, 많이 보고 싶었단다."

기다람직사각형과 선생님정사각형은 한동안 아무 말 없이

서로 안고만 있었다. 선생님정사각형은 기다람직사각형에게 자초지종을 설명했다.

"시간이 없단다. 빨리 수담이를 성 밖으로 데려다줘야 해. 우리 얘기는 나중에 천천히 하자꾸나."

선생님정사각형은 아직도 쫓기고 있을 도형들을 돕기 위해 왔던 길을 다시 돌아갔다.

기다람직사각형은 서둘러 다리 위에 수담이를 앉혔다. 그리고는 다리를 높이 들었다. 수담이가 기다람직사각형의 머리 쪽으로 쭈르륵 미끄러지자 다시 몸을 반대쪽으로 휙 돌려 수

담이가 앉은 머리 쪽을 비스듬하게 들어 올렸다. 다시 수담이가 쭈르륵 미끄러졌다. 지친 수담이는 걷지 않아도 되었다. 기다람직사각형만 부지런히 움직였다.

성벽에 다다라서는 처음 들어왔을 때처럼 계단과 미끄럼틀이 되어 주었다. 들판도 가로질러 갔다. 기다란 네모 하나가 비스듬히 몸을 세웠다 돌렸다 하며 지나가는 모습이 신기한지 꽃들이 모두 고개를 빼고 바라보았다.

한참을 정신없이 가던 기다람직사각형은 강둑 위에 수담이를 내려놓고 가쁜 숨을 내쉬었다.

"저 강물만 지나면 세모나라에 갈 수 있다는 말이지?"

기다람직사각형은 수담이와 함께 강물 속으로 뛰어들어 두 손으로 물살을 가르며 앞으로 나갔다. 직사각형 등 위에 납작 엎드린 수담이도 두 팔과 다리를 부지런히 움직였다. 기다란 뗏목 하나가 강물을 거슬러 가는 것처럼 보였다.

강 저편은 아득하게 멀었다. 게다가 바람이 불어 물살도 만만치 않게 거셌다. 기다람직사각형은 강 한가운데에서부터 힘이 빠지기 시작했다. 수담이의 팔다리에도 점점 힘이 빠지기 시작했다. 수담이는 시내와 학자정사각형, 대왕세모들의 얼굴을 떠올리며 정신을 차리려고 애를 써 보았지만, 몸은 자꾸 무거워져만 가고 정신도 가물가물해졌다.

기다람직사각형도 더이상 물살을 거슬러 가지 못하고 물 위에 둥둥 뜬 채 흘러 내려갔다. 수담이도 까무룩 정신을 잃었다.

날아오르는 세모들

"깨어날까?"

"물을 많이 먹었어. 추운가 봐. 입술이 새파래."

"여기 담요 가져왔어."

한 무리의 세모들이 수담이를 들여다보고 있었다. 수담이 옆에는 기다랍직사각형이 죽은 듯이 누워 있었다. 팔다리를 주무르고 몸 여기저기를 문지르고 등을 두드려도 수담이와 기다랍직사각형은 좀처럼 깨어나지 않았다.

그때 수담이와 함께 장터 구경을 했던 깜찍이세모가 다른 세모들을 비집고 들어왔다. 깜찍이세모는 어떻게든 마을로 데리고 가 보자며 다른 세모들의 도움을 받아 수담이를 업었다. 그러나 기운 없이 늘어진 수담이가 너무 무거워서 비척비척 몇 걸음 채 못 가 땅바닥에 철퍼덕 엎어지고 말았다. 엎어지면서 발밑의 돌부리에 이마를 찧었다. 그 충격 덕분인지 수담이가 켁켁 몇 번 기침하며 물을 뿜어내더니 이내 눈을 떴다.

흐릿한 시선 속에 세모들의 무리가 보였다. 수담이는 놀라 벌떡 일어나 앉았다. 기다람직사각형은 눈을 감은 채 바닥에 누워 있었다. 수담이는 주변을 두리번거렸다. 맑고 푸른 강물은 시치미를 뚝 떼며 유유히 흘러가고 있었다.

"저, 저기, 너무 무거워서 그러는데…."

수담이 밑에 깔린 깜찍이세모가 낑낑대며 말했다. 놀란 수담이가 얼른 일어나며 깜찍이세모의 손을 잡아 일으켜 주었다.

'대체 어찌 된 일이지? 아 참! 이렇게 시간 보내고 있을 때가 아니지.'

수담이는 그제야 정신을 차리고 옆에 누워 있는 기다람직사각형을 세차게 흔들었다.

"아저씨, 눈 좀 떠요. 시간이 없어요."

기다람직사각형은 아무 대답이 없었다. 수담이는 무서운 생각이 들었다. 그새 많은 세모들이 모여들었다.

이등변삼각형과 정삼각형, 직각이등변삼각형, 둔각삼각형,

예각삼각형 등 강변에서 놀던 모든 세모가 몰려왔다. 수담이가 네모나라에서 벌어진 사건을 떠듬떠듬 얘기하였다. 모두 심각한 표정이었다. 기다람직사각형은 여전히 눈을 뜨지 않고 있었다.

"눈 좀 떠 봐요, 아저씨."

수담이가 온 힘을 다해 기다람직사각형을 흔들었다. 순간 기다람직사각형이 몸을 조금 움직이더니 코를 드르렁드르렁 골았다. 몸이 고단한 탓에 모처럼 깊은 잠에 빠진 모양이었다.

'어휴. 이런 잠꾸러기 아저씨!'

짓눌렸던 수담이의 입꼬리가 슬며시 올라갔다. 세모들이 달려들어 모두 기다람직사각형을 콕콕 찌르자 손을 저으며 일어나 앉았다.

"우아, 길다."

세모들이 기다람직사각형을 쳐다보았다. 겨우 정신을 차린 기다람직사각형은 다급해진 목소리로 말했다.

"자, 모두들 네모나라로 갑시다. 빨리요."

가장 빨리 가는 방법이 뭘까, 뒤쪽에 서 있는 커다란 이등변삼각형을 본 수담이는 무릎을 쳤다.

"그래, 그거야! 행글라이더!"

기다람직사각형과 수담이, 세모들이 모두 장터를 향해 뛰어가 뾰족탑 위로 올라갔다. 세모들 중 가장 큰 이등변삼각형 하나가 한가운데에 수담이를 매달고 하늘로 힘껏 날아올랐다. 이등변삼각형들이 더 높이 날아오르도록 부채꼴 도형들은 망루에 서서 열심히 바람을 만들어 냈다.

많은 이등변삼각형들이 차례차례 날아올랐다. 이등변삼각형의 중심에는 온갖 꼴의 세모들이 매달려 있었다. 지난번 장날에 새로 부부가 된 한 쌍의 직각이등변삼각형도 빠지지 않

왔다. 근처에서 놀던 모든 바람들이 처음 보는 이 비행단을 향해 몰려왔다. 바람들은 새로운 놀이가 재미있는지 힘껏 이등변삼각형을 밀었다.

사각 바퀴

"저기예요! 네모들이 많은 저기요"

시내와 수담이가 갇혔던 감옥 앞이었다. 수담이를 매단 이등변삼각형을 선두로 모두 머리 쪽의 각을 아래로 숙이고 천천히 땅으로 내려갔다. 맨 앞에서 열을 지어 가던 정사각형들, 척척척척 요란한 발소리를 내며 밧줄에 묶인 시내를 끌고 가던 사다리꼴 병사들, 그 뒤로 역시 밧줄에 묶인 학자정사각형과 대왕세모들을 에워싸고 있던 평행사변형, 수많은 직사각형이 모두 놀라 입을 벌리고 하늘에서 떨어져 내리는 세모들을 바라보았다.

"세상에, 하늘에서 내려오는 도형들이라니!"

"수담아!"

시내가 행글라이더에서 내려오는 수담이를 보고 소리쳤다. 높으신 정사각형 하나가 시내에게 달려오는 수담이를 보고는 사다리꼴 병사들에게 고래고래 소리를 질렀다.

"저 아이도 붙잡아라!"

사다리꼴 병사들이 높으신 정사각형의 명령대로 주춤주춤 수담이에게 다가섰다.

"모두 체포해. 어서! 명령이다! 안 들리나? 여기 있는 이상한 도형들도 하나도 빠짐없이 모두 잡아들여라!"

높으신 정사각형들이 아우성을 쳤다. 다른 정사각형들은 어찌해야 좋을지 갈피를 잡지 못하고 이리저리 갈팡질팡했다.

하늘에서 내려온 세모들이 좌우, 위아래로 몸을 흔들어 푼 뒤 하나둘 움직이기 시작했다. 크기를 맞춘 직각삼각형 둘이 수담이를 붙들려는 사다리꼴 옆에 철썩 붙어 직사각형을 만들어 버렸다. 직각이등변삼각형 둘은 빗변을 맞대어 정사각형을 만들더니 당장 이들을 잡아들이라고 소리치는 높으신 정사각형 코앞에 딱 버티고 서서 말똥말똥 쳐다보았다. 정사각형 양옆에 키가 같은 두 직각삼각형이 붙으니 영락없는 사다리꼴이 되었다. 사다리꼴 병사들의 눈도 휘둥그레졌다. 이리저리 날뛰는 높으신 정사각형 위에 턱 하니 세모 하나가 올라섰다. 그랬더니 그들이 가장 멸시하는 방탕한 사각형의 모습이 되어 버렸다.

모두 체포하라고 고래고래 소리치는 정사각형 위에는 커다란 이등변삼각형이 사뿐히 내려앉았다. 느닷없이 생긴 집 모양의 도형에 네모들이 깔깔거리고 웃었다. 직사각형 옆에도 두 세모가 붙었다. 그 직사각형은 순식간에 정사각형이 된 자기 몸이 놀라워 어쩔 줄을 몰라 했다. 세모들은 이리저리 붙으면서 갖가지 도형을 만들었다.

이 광경을 보고 있던 네모들은 무언가를 깨달았다. 저희끼리 몸을 붙여 보기 시작했다. 정사각형이 되기를 그토록 꿈꾸던 두 직사각형이 서로의 몸을 맞대자 정사각형이 되었다. 한 각이 비쭉 치켜 올라간 일반 사각형 둘이 몸을 붙여 길쭉한 직사각형을 만들었다. 직사각형, 사다리꼴, 평행사변형, 일반 사각형, 모두들 세모들과 섞여 갖가지 도형들을 만드느라 와자지껄했다. 감옥 앞은 마치 네모나라의 축제 마당처럼 느껴졌다.

수담이는 그 틈을 타 시내를 묶은 줄을 풀었다. 선생님정사각형도 학자정사각형과 대왕세모들을 풀어 주었다.

"수담아! 해냈구나."

시내가 수담이를 껴안았다. 그때, 누군가 따뜻한 손길로 시내와 수담이의 어깨를 짚었다. 돌아본 시내의 눈이 누렁소 눈만큼 커졌다. 수담이 입도 한껏 벌어졌다.

"멋쟁이동그라미?"

"어? 빙글이동그라미잖아."

"드디어 다시 만났네."

옆에 있던 구름위동그라미가 씨익 웃으며 말했다. 그 뒤에는 끌려온 동그라미들이 모두 함박웃음을 짓고 있었다. 몸에 붙은 세모들을 떼어내려 몸부림치던 높으신 정사각형들이 원의 무리를 바라보았다. 단순히 바퀴라고 얕보면서 부려 먹었던 것들이 바로 그 원이라는 도형이라는 것을 이제야 깨달은 모양이었다.

"같은 길이로 만들 때 정사각형보다 넓이가 더 크다는 도형, 그 원이라는 도형이잖아."

"그럼 우리보다 더 위대한 도형인가?"

높으신 정사각형들이 한마디씩 하더니 더 이상 버틸 힘을 잃었는지 제자리에 풀썩 주저앉아 버렸다.

"그런데 왜 울고 있어? 시내답지 않게."

빙글이동그라미가 시내의 눈물을 닦아 주며 말했다. 잠시 잊고 있었는데 또다시 시내 눈에서 눈물이 쏟아졌다. 시내는 당장 처단하겠다며 밧줄로 묶어 끌고 가던 정사각형들이 무서웠다. 들판과 강물을 건너야 하는 세모나라가 너무나 멀어 아무리 생각해도 수담이가 다시 올 수 있을 것 같지 않았다. 함께 끌려가는 두 대왕세모와 학자정사각형의 얼굴도 흙빛으로 딱딱하게 굳어 있어 두려움에 가슴이 오그라드는 것만 같았었다.

"집에 가고 싶어. 엉엉."

시내가 빙글이동그라미 품에 안겨 울었다. 수담이도 곁에 서서 흘러내리는 눈물을 쓱쓱 주먹으로 닦았다. 수담이도 집에 가고 싶었다. 네모들과 섞여 놀던 이등변삼각형이 시내가 우는 것을 보고 놀란 얼굴로 다가왔다. 세모와 네모가 함께 만들어 내는 여러 모양들을 흐뭇하게 바라보던 선생님정사각형도 가까이 왔다.

선생님정사각형도 용감한 시내가 왜 우느냐고 등을 토닥여 주었다.

"집에 가고 싶어요."

시내와 수담이가 입을 모아 말했다.

"그럼, 이제 가야지!"

선생님정사각형이 시원스레 대답했다.

"어떻게요?"

"사각형 바퀴 연구가 막 끝났단다."

"사각형 모양의 바퀴라고요?"

시내가 놀라서 선생님께 물었다.

선생님정사각형이 세모로 나뉜 대왕님을 흐뭇한 눈길로 바라보았다. 그러자 대왕세모들이 말했다.

"쌍둥이 세모와 함께 놀다가 우연히 정사각형 만드는 방법을 알게 되어 호기심에 네모나라에 온 지 참 오래되었네요. 바퀴 문제를 해결하지 않고는 네모나라를 떠날 수가 없었어요. 그래서 학자님과 선생님과 함께 오랫동안 연구를 했지요. 선생님이 아들을 보고 싶어 했을 때도 모른 척해서 미안합니다. 이제 원들도 동그라미나라로 돌아가고 우리도 홀가분하게 세모나라로 돌아갈 수 있게 되었어요."

오랫동안 무겁게 짓눌렀던 문제를 풀게 된 대왕세모들은 기뻐하며 말했다. 그러나 시내와 수담이는 물론 다른 네모들도 기뻐하지 못하고 엉거주춤하고 있었다. 사각형이 원처럼 굴러간다니 믿을 수 없었다.

"우린 바퀴가 아니라 도로를 바꿨습니다. 사각형이 굴러갈 수 있는 도로를 만들었지요. 구름위동그라미가 그런 놀라운 제안을 했어요."

학자정사각형이 손짓을 하자 저쪽에서 무지개들이 너울너울 날아와 허공에 둥글게 둥글게 길을 만들었다. 반듯한 정사각형 넷이 와서 바퀴가 되었다. 작은 직사각형이 바퀴 위에 누우니 그럴듯한 자전거가 되었다. 또 다른 직사각형 둘이 달려와 시내와 수담이가 앉을 수 있도록

　　　　　　　　등받이 있는 의자가 되어 주었다.
　　　　　　시내와 수담이는 동그라미들과 마주
　　　　　보고 웃었다. 하얗던 뭉게구름이 잘 익은
　　　　치자색으로 물들기 시작했다. 선생님정사각형과
　　　학자정사각형이 시내와 수담이에게 손을 흔들었다.
　비석치기를 하며 놀았던 어린 네모들도 달려와 아쉬워하며
손을 흔들었다.
　직사각형들에게 쫓겼던 네모짱이 맨 먼저 사각 바퀴 자전거를 밀기 시작했다. 다른 네모들도 힘을 합쳐 밀었다. 시내와 수담이를 태운 사각 바퀴 자전거가 둥근 길을 따라 잘도 굴러갔다. 점점 속도가 붙었다. 행글라이더가 된 이등변삼각형들을 밀며 왔다가 서성대던 바람들도 신이 나서 사각 바퀴 자전거의 꽁무니에 붙었다. 그러자 사각 바퀴 자전거는 뒤에서 밀던 네모와 세모들을 까마득히 멀리하고 달려 나가기 시작했다.
　새로 닦은 큰길을 지나고 활짝 열린 두 개의 성문을 지났다. 성문 밖으로 원들이 줄을 지어 동그라미나라로 돌아가는 모습이

보였다. 앞장선 멋쟁이동그라미와 빙글이동그라미가 시내와 수담이에게 손을 흔들어 주었다.

 탁 트인 벌판에 이르자 바람들이 제 세상을 만난 듯 더욱 몸을 흔들었다. 들꽃들도 살랑살랑 몸을 흔들어 인사했다.

 시내와 수담이를 태운 사각 바퀴 자전거가 휘익 하늘로 떠올랐다. 노을빛이 붉게 퍼져 가는 강물과 모래톱, 넓은 벌판과 네모나라, 세모나라가 발아래에서 소용돌이를 치며 점점 작아졌다. 시내와 수담이는 너무나 어지러워 두 눈을 꼭 감았다.

"이게 네 책상이니?"

 작게 속살거리는 소리에 시내와 수담이가 놀라 고개를 돌렸다. 자전거 의자가 되어 주었던 직사각형이 허리를 두드리며 책상 위에 길게 누웠다. 사각 바퀴가 되어 준 정사각형도 손을 한 번 흔들고 나서 교탁 위에 살포시 몸을 포갰다.

 열린 유리창으로 바람이 쉭쉭 소리를 내며 빠져나갔다. 게시판에 붙어 있던 네모 그림 한 장이 바람에 팔랑거렸다.

수학 속으로

7쪽 | 평행사변형이 뭐예요?

평행사변형은 마주보는 두 쌍의 변들이 서로 평행한 사각형이에요. 마주보는 두 변을 아무리 길게 늘려도 만나지 않는 사각형이죠. 평행사변형에서는 마주보는 변끼리 길이가 같아요.

20쪽 | 정사각형이 뭐예요?

정사각형은 네 변의 길이가 같고 네 각의 크기가 모두 직각인 사각형이에요. 직사각형은 네 각의 크기가 모두 직각인 사각형이죠.

27쪽 | 정사각형이 제일 힘이 세다구요?

사각형은 사다리꼴, 평행사변형, 직사각형, 정사각형의 순서로 점점 더 많은 조건을 만족해야 해요. 즉, 사다리꼴은 마주 보는 한 쌍의 변이 평행하지만 평행사변형은 두 쌍의 변이 각각 평행하죠. 평행사변형은 두 쌍의 변이 평행하지만, 직사각형은 두 쌍의 변이 평행하고 네 각의 크기가 모두 직각이어야 해요. 직사각형은 두 쌍의 변이 각각 평행하고 네 각의 크기가 모두 직각이지만, 정사각형은 두 쌍의 변이 각각 평행하고 네 각의 크기가 모두 직각이며 네 변의 길이도 모두 같아야 하거든요.

30쪽 | 직사각형 모양의 길인데 사다리꼴로 보인다?

직사각형 모양의 길인데 사다리꼴 모양으로 보인다구요? 그것은 가까운 것은 크게 보이고 먼 것은 작게 보이기 때문이에요. 서양에서는 화가들이 중세 시대까지는 중요한 것을 크게, 중요하지 않은 것을 작게 그렸으나 1400년대 이후에는 보이는 대로 그리기 시작하는 화가들이 늘어났어요. 기찻길을 사다리꼴 모양으로 그리는 것도 같은 이치예요.

62, 99쪽 | 미로에서 쉽게 길 찾는 방법

미로 속에 들어가 있으면 길을 찾기 쉽지 않죠. 길이 막혀 있으면 돌아 나와야 하지만 미로 지도가 있으면 갈 필요가 없는 길을 쉽게 알아볼 수 있어요. 다음 그림의 오른쪽 그림처럼 갈 필요가 없는 길을 빗금으로 지우면 길을 쉽게 찾을 수 있어요.

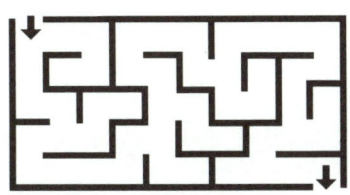 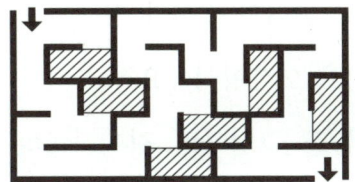

70쪽 | 가장 넓은 평면도형이 정사각형이라고?

끈으로 가장 넓은 사각형을 만들려면 정사각형을 만들어야 해요. 둘레의 길이가 정해져 있을 때 사각형 중에 가장 넓은 것은 정사각형이기 때문이죠.

그렇다면 끈으로 가장 넓은 오각형을 만들 때도 마찬가지이겠죠. 둘레의 길이가 정해져 있을 때 오각형 중에 가장 넓은 것은 정오각형이에요.

음, 또 그렇다면, 길이가 같은 끈으로 정삼각형, 정사각형, 정오각형, 정육각형을 만들면 어느 것이 더 넓이가 넓을까요? 정답은 정육각형이에요. 물론 정칠각형, 정팔각형 등 변의 개수가 많아질수록 더 넓어져요.

그러므로 둘레의 길이가 정해져 있을 때 넓이가 가장 넓은 평면도형은 정육각형, 정칠각형 등의 다각형이 아니라 원임이 알려져 있어요.

78쪽 | 직각이등변삼각형는 또 뭐예요?

직각이등변삼각형은 한 각이 직각이면서 두 변의 길이가 같은 삼각형이에요. 이 삼각형은 정사각형을 대각선으로 자른 모양과 같아요.

83쪽 | 마름모는요?

마름모는 네 변의 길이가 같은 사각형이에요. 마름모는 평행사변형이고, 정사각형은 마름모예요.

121쪽 | 사각형으로 바퀴를 만든다고?

하나의 원은 어느 방향에서 보든지 항상 같아요. 그러나 사각형은 다음 그림과 같이 보는 방향에 따라 폭이 달라져요.

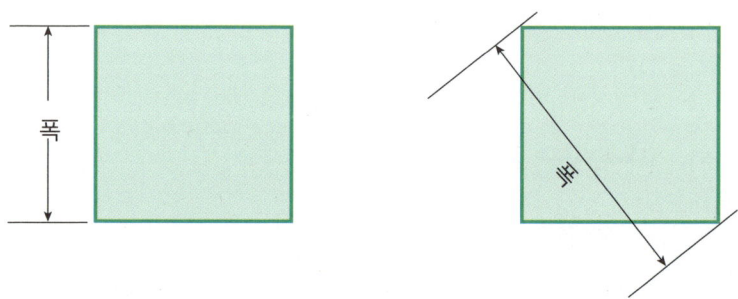

따라서 사각형을 바퀴로 사용한다면 잘 구르지도 않을 뿐더러 억지로 굴리면 덜컹거리게 되는 거죠. 어떻게 하면 사각형으로 바퀴를 만들 수 있을까요?

원과 같이 매끄럽게 굴러가도록 하려면 길을 둥글게 만들면 돼요. 둥근 곡선을 여러 개 이은 모양으로 길을 만들면 정사각

형 모양의 바퀴도 원처럼 매끄럽게 굴러갈 수 있어요. 이때 정사각형의 중심은 수평선을 따라 움직이므로 바퀴가 정사각형 모양인 자전거에 탄 사람은 바퀴가 굴러갈 때 위아래로 덜컹거리지 않는 거죠. 이 둥근 곡선의 이름은 현수선이라고 해요.

작가의 말

1

한때 소설가를 꿈꿨었다. 그러나 수학이 끌어당기는 힘이 너무 셌던 탓일까. 정신을 차려 보니 수학을 전공하고 있었다. 수학 전공을 하면서도 여전히 이과와 문과의 장벽 사이를 기웃거리며 살다가 이세가 생겼다. 책을 통해 호기심 많고 꿈 많은 아이로 키우고자 마음먹었는데 마땅히 읽힐 만한 수학 동화가 없었다.

당시 출판되어 있는 수학 동화는 모험을 기반으로 한 이야기에 가끔씩 수학 문제가 발을 거는 형식이 대부분이었다. 수학 문제를 풀어야 문이 열리거나 비밀을 알게 되어 다음으로 진행되는 이야기였다. 하지만 이런 형태의 동화 말고 읽다 보면 저절로 수학적인 사고력이 키워지고, 이야기를 따라가다 보면 어느덧 수학에 푹 빠지게 되는 동화를 읽히고 싶었다. 나

처럼 수학을 전공한 사람들이라면 몇 번씩이나 느꼈을 법한 아름다운 수학, 유용한 수학의 맛을 살짝이라도 경험할 수 있는 동화를 쓰고 싶었다. 내 아이들에게 진정한 수학 동화를 읽게 해 주고 싶었다.

  이미 내 아이들은 다 커 버렸지만, 이 세상의 아이들에게 수학을 즐기게 하고 싶었고, 그러한 경험 속에서 용기있는 아이, 호기심 있는 아이, 남과 함께 살아갈 줄 아는 아이의 모습을 보여 주고 싶었다. 이 동화는 이런 배경속에서 십여 년의 세월을 지내며 세상에 나왔다.

2

  원은 흔히 완전한 도형이라고 한다. 그 완전함은 '대칭성'에서 나온다. 원의 중심을 지나는 선에 대해서 원은 항상 대칭이 된다. 대칭이 되는 축이 무수히 많은 평면도형은 원뿐이다. 정

삼각형은 중심을 지나는 모든 선에 대해서 대칭이 되지는 않는다. 정사각형도, 정오각형도 마찬가지로 대칭이 되는 축은 몇 개에 불과하다. 『원의비밀을 찾아라』에서는 이러한 원의 특징이 직접적으로 드러나지는 않지만 귀염동그라미, 구름위동그라미, 멋쟁이동그라미가 말하고자 하는 바를 읽어 낸다면 아이들은 저절로 원의 특징과 원의 '완전함'을 이해할 것이다.

　사각형도 마찬가지이다. 『달려라 사각 바퀴야』에서는 사다리꼴, 평행사변형, 직사각형, 마름모, 정사각형으로 이어지는 각각의 사각형의 특징을 신분제 사회로 형상화하였다. 갖춰야 할 조건이 많아질수록 신분이 올라가는 것으로 설정하였는데, 정사각형 중 최고 지도자를 직각이등변삼각형 두 개가 합쳐진 것으로 하여 사각형에 대한 이해의 폭을 넓힘과 동시에 삼각형이 평면도형의 기본 도형임을 알도록 구성하였다.

3

두 권의 동화를 통해서 다각형과 원, 크게 두 종류의 평면도형의 특징을 이해하고 그 관계를 이해하는 안목이 키워졌으리라 믿는다. 한 걸음 더 나아가 도로를 바꾸면 사각형도 구를 수 있다는 것을 보여 줌으로써 아이들이 가지고 있는 사고의 벽을 깨고 창의적으로 생각을 발전시켜 나갈 수 있는 기회를 주고자 했다. 또한, 네모짱과의 인연을 뫼비우스 띠처럼 시작과 끝이 서로 통하게 하여 어느 사건이 먼저이고 어느 사건이 나중인지 아리송하게 만들었다. 살면서 얽히고설켜 앞뒤를 알 수 없는 일이, 인연이 얼마나 많은가. 이 책을 읽은 아이들이 한순간 한순간의 인연을 소중하게 여기고 진심을 다해 살아가기를 바라 마지않는다.

수학과 스토리가 완전 융합되어 있는
스토리텔링 수학의 정석!

원의 비밀을 찾아라
동화와 수학의 융합! 원의 비밀을 찾으려다가 원의 나라에 가게 된 수담이와 시내, 세모들과의 만남에서 원은 물론 도형의 비밀까지 알아낸다.

달려라 사각 바퀴야
동화와 수학의 융합! 사각형의 나라에서 사각형의 정의와 성질을 알게 되고 동그라미들까지 구하는 모험담.

도형 관련 초등수학 교과연계표

학년	학기	내용
초등 1학년	1-1	여러 가지 모양
	1-2	여러 가지 모양
초등 2학년	2-1	여러 가지 도형
초등 3학년	3-1	평면도형
	3-2	원
초등 4학년	4-1	각도 평면도형의 이동
	4-2	삼각형 수직과 평행 사각형과 다각형
초등 5학년	5-1	평면도형의 넓이
	5-2	합동과 대칭
초등 6학년	6-1	원주율과 원의 넓이